Susanne Marx

Inneres Feng Shui

Susanne Marx

Inneres Feng Shui

Der west-östliche Weg,
Ihre verborgenen Energien
zum Fließen zu bringen

Verlag Hermann Bauer
Freiburg im Breisgau

Die Deutsche Bibliothek – CIP-Einheitsaufnahme

Ein Titeldatensatz für diese Publikation ist bei
Der Deutschen Bibliothek erhältlich

1. Auflage 2000
ISBN 3-7626-0750-8
© 2000 by Verlag Hermann Bauer GmbH & Co. KG, Freiburg i. Br.
Das gesamte Werk ist im Rahmen des Urheberrechtsgesetzes ge-
schützt. Jegliche vom Verlag nicht genehmigte Verwertung ist unzuläs-
sig. Dies gilt auch für die Verbreitung durch Film, Funk, Fernsehen,
photomechanische Wiedergabe, Tonträger jeder Art, elektronische
Medien sowie für auszugsweisen Nachdruck und die Übersetzung.
Umschlag: Ito Joyoatmojo, Zürich
Satz: CSF · ComputerSatz GmbH, Freiburg i. Br.
Kalligraphien auf Umschlag und S. 13, 37 und 121 entnommen aus:
»FENG SHUI« von Chao-Hsiu Chen, erschienen im Wilhelm Heyne
Verlag GmbH & Co. KG, München, 1998.
Illustrationen: Susanne Marx
Druck und Bindung: Freiburger Graphische Betriebe GmbH,
Freiburg i. Br.
Printed in Germany

Widmung

Annette und Bernd,
für ihre Liebe und Unterstützung

Inhalt

Einleitung

Feng Shui, wörtlich übersetzt *Wind* und *Wasser*, ist die alte taoistische Kunst und Wissenschaft vom Leben in Harmonie mit sich und seiner Umwelt. Äußeres Feng Shui, also das, was wir im Westen im allgemeinen unter diesem Begriff verstehen, beschäftigt sich dabei in erster Linie mit den Energien der Umgebung und ihrem Einfluß auf uns.

Das bei uns bislang noch weniger bekannte Innere Feng Shui befaßt sich mit dem Energiefluß im menschlichen Körper. Dazu gehört zum einen die Kultivierung des Körpers mit Bewegungsübungen wie z.B. Qi Gong oder Tai Ch'i, einer ausgewogenen Ernährung und chinesischer Präventivmedizin, zum anderen die Kultivierung des Geistes.

Feng Shui – die Lehre von der Harmonisierung der Energieströme

Im Laufe meiner Arbeit als Feng-Shui-Beraterin und -Lehrerin habe ich die Erfahrung gemacht, daß gerade dieser Punkt – die Harmonisierung und Klärung von Gedanken und Emotionen – für das Verständnis und die Anwendung von Feng Shui ganz wichtig ist. Deshalb ist dieses Buch so aufgebaut, daß Ihnen der erste Teil einen Überblick darüber gibt, was Feng Shui überhaupt ist und wie es wirkt. Im zweiten Teil werden Ihnen die Prinzipien des Inneren Feng Shui – vor allem die Möglichkeiten, wie der Geist beruhigt und geklärt werden kann – vorgestellt, und im dritten Teil geht es dann darum, wie wir auf dieser Basis Äußeres Feng Shui wirkungsvoll einsetzen können. Dazu wird die Technik des sogenannten *Tibetischen Ba Gua* oder *Drei-Türen-Ba-Gua* ausführlich in Theorie und Praxis erläutert.

Natürlich wirken Inneres und Äußeres Feng Shui auch, wenn man sie unabhängig voneinander anwendet. Aber stellen Sie sich einmal vor, Sie möchten mit dem Rauchen aufhören: Nur im Außen etwas zu verändern, wie z.B. alle Zigaretten wegzuwerfen, ist allein noch nicht ausreichend. Erst wenn Sie auch *innerlich* den festen Entschluß gefaßt haben, nicht mehr zu rauchen, und dies dann in einem zweiten Schritt im Außen durch das Entfernen aller Zigaretten aus der Wohnung verstärken, haben Sie die besten Voraussetzungen für eine dauerhafte Veränderung geschaffen!

Sehr ähnlich verhält es sich mit Innerem und Äußerem Feng Shui. Ein Springbrunnen im räumlichen Bereich *Wohlstand und Fülle* etwa kann natürlich die entsprechenden Energien anregen – wirkungsvoller ist es aber, sich erst einmal mit der eigenen Einstellung zu Reichtum zu beschäftigen. Denn solange Sie tief in Ihrem Inneren davon überzeugt sind, daß Geld hart erarbeitet werden muß, Sie es eigentlich gar nicht verdienen, Geld zu besitzen, oder Geld den Charakter verdirbt, wird sich der Zimmerbrunnen allein schwertun! Ich habe die Erfahrung gemacht, daß eine sinnvolle, harmonische und bewußte Kombination von Innerem und Äußerem Feng Shui die beste Möglichkeit ist, das eigene Leben in die Hand zu nehmen und ihm eine neue, positive Richtung zu geben.

Lernen Sie nun die Geheimnisse des Inneren Feng Shui kennen, und lassen Sie sich davon inspirieren!

Viel Freude dabei!

Susanne Marx
Bonn, im Herbst 1999

Was ist
Feng Shui?

Grundlage aller taoistischen Künste und damit auch des Inneren und Äußeren Feng Shui ist die durch Naturbeobachtung gewonnene Erkenntnis, daß alles aus Energie besteht bzw. alles von Energie durchdrungen ist und sich gegenseitig beeinflußt. Das Wort TAO wird im Westen oft nur mit »Der Weg« übersetzt, bedeutet in seiner ursprünglichen Bedeutung aber auch »Die Wirkungsweise des Universums«. Diese Vorstellung von einer universellen Lebenskraft – von den Chinesen *Qi* oder *Ch'i*, von den Japanern *Ki* und von den Indern *Prana* genannt – ist tief in der östlichen Philosophie und Medizin verwurzelt. Der Westen dagegen hat sich bislang mit diesem Energiekonzept schwergetan: Die Welt ist nach westlichem Verständnis gegliedert in Nichts und Materie. Materie ist für viele das, was direkt mit den Sinnen wahrgenommen werden kann, und läßt sich aufteilen in belebte Materie (Menschen, Tiere und Pflanzen) und unbelebte Materie (Steine, Wasser, Gegenstände wie Möbel etc.). Unsere Vorstellung davon, wie sich diese Materie verhält und aufeinander reagiert – Anziehung, Abstoßung etc. –, basiert in großen Teilen noch auf der Newtonschen Mechanik.

Alles besteht aus Energie

Diese Sicht der Welt steht der taoistischen Vorstellung, daß alles belebt und von Ch'i durchdrungen ist, völlig entgegen. Aber interessanterweise ist es gerade die moderne Quantenphysik, deren neueste Erkenntnisse dieses Energiekonzept immer mehr bestätigen. Nach heutigem Wissensstand sind die kleinsten Bausteine nicht mehr Atome, Neutronen, Elektronen oder Quarks, sondern kleinste Impulse aus Energie und Information, die sich unvorstellbar schnell auf bestimmten Bahnen bewegen. Wir können diese Bewegungen nicht wahrnehmen und haben deshalb den Eindruck einer festen, massiven Struktur. Dieses Phänomen kann man mit der Bewegung eines Flugzeugpropellers vergleichen: Solange der Propeller stillsteht, sehen wir, daß er aus drei einzelnen Blättern mit großen Zwischenräumen besteht. Sobald er aber anfängt, sich zu bewegen, sehen wir plötzlich eine glatte Fläche. Je fester ein Körper wirkt, desto schneller bewegen sich in ihm die Energieimpulse.

Jeder feste Körper, ob nun Mensch, Tier, Pflanze, Möbel oder Planet, besteht also aus Energie, die sich in einer bestimmten, ihm eigenen Frequenz bewegt. Diese Energie fließt aber nicht nur in jedem Körper auf bestimmten Bahnen – im Chinesischen als »Meridiane« bezeichnet –, sondern bildet ein Energiefeld um ihn herum. Dieses Feld konnte das russische Forscherehepaar Kirlian erstmals auf lichtempfindlichem Material sichtbar machen. Mittlerweile kann man vielerorts sogenannte Kirlian-Fotografien anfertigen lassen, auf denen das Ch'i-Feld des Kopfes oder der Hand als farbige Korona abgebildet ist. Dieses Feld ist das, was wir bei Menschen als Ausstrahlung und bei Orten oder

Das persönliche Ch'i-Feld

Gegenständen als Atmosphäre wahrnehmen. Da es sehr viele Interpretationsebenen der Aura gibt und ich sie in erster Linie zu diagnostischen Zwecken verwende – Krankheiten sind nach chinesischem Verständnis immer die Folge eines Energiemangels oder -staus –, möchte ich hier kurz auf eine Einteilung der Aura eingehen, die unter anderem von dem philippinischen Heiler Choa Kok Sui[1] angewandt wird. Danach gibt es drei verschiedene Auren oder Energiefelder, die unterschiedliche Funktion und Ausdehnung haben.

Die innere Aura erstreckt sich etwa zehn bis fünfzehn Zentimeter über den physischen Körper hinaus. Da beide, Aura und physischer Körper, miteinander verbunden sind, zeigen sich Krankheiten und Funktionsstörungen in der Aura oft schon, bevor sie sich im Körper selbst bemerkbar machen. So sind z. B. entzündliche Prozesse als Ausbuchtung, ein geschwächtes Organ dagegen als Einziehung in der Aura bei einem Abtasten mit den Händen spürbar.

Die zweite Aura wird als *Gesundheitsaura* bezeichnet. Sie erstreckt sich etwa 70 Zentimeter über den physischen Körper hinaus und ist z. B. für unsere Immunabwehr zuständig.

Das dritte Feld ist die äußere Aura. Ihre Ausdehnung beträgt normalerweise etwa einen Meter, sie kann aber in Einzelfällen auch wesentlich größer sein. Diese dritte Aura ist das, was in der Kirlian-Fotografie als farbiges Licht sichtbar ist. Die unterschiedlichen Farben geben Auskunft über den momentanen physi-

---

1 Seine Bücher *Grundlagen des Pranaheilens* und *Die hohe Kunst des Pranaheilens* sind im Verlag Hermann Bauer, Freiburg, erschienen.

schen, mentalen und seelischen Zustand eines Menschen.

Alle drei Auren bilden unser ganz persönliches Energiefeld, dessen Frequenz von unseren Gedanken, Meinungen, Einstellungen und Handlungen geprägt ist. Anders als unser physischer Körper ist es nicht statisch, sondern mischt sich und kommuniziert unaufhörlich mit den Feldern unserer Umgebung. Das bedeutet, daß mein Feld meine Umgebung beeinflußt, genau wie das der Umgebung meines! Dieses *Prinzip der wechselseitigen Beeinflussung* ist grundlegend für das Verständnis der Wirkungsweise von Feng Shui und wird uns im Laufe des Buches immer wieder beschäftigen.

Unser Ch'i-Feld kommuniziert mit der Umgebung

Auch wenn wir normalerweise dieses Ch'i-Feld – unser eigenes oder das unserer Umgebung – nicht direkt wahrnehmen, so hat es doch indirekt einen großen Einfluß auf uns. Es ist z. B. dafür verantwortlich, wenn wir jemanden, den wir bislang nicht kennen, spontan sympathisch finden. Wir sagen dann, daß wir auf der »gleichen Wellenlänge« sind, eine sehr gute Beschreibung für die Kompatibilität der beiden Energiefelder. Oder stellen Sie sich vor, Sie gehen an einem Samstagvormittag durch eine belebte Fußgängerzone. Nach kurzer Zeit werden Sie vielleicht erschöpft und ziemlich entnervt sein. Das kann daran liegen, daß Sie in dem Gedränge so nah an anderen Menschen vorbeigehen, daß sich Ihr Feld permanent mit anderen Feldern mischt, und darunter auch oft mit solchen, die eben nicht auf Ihrer Wellenlänge liegen.

Diese gegenseitige Beeinflussung gilt aber nicht nur für die Menschen und Dinge in unserer unmittelbaren

Umgebung, vielmehr wird Ch'i durch Bewegung – z. B.
Wind oder motorische Bewegung –, Licht – natürliches oder künstliches – und Geräusche über weite
Strecken übertragen. Da es sich dabei sehr ähnlich
verhält wie Wind, also Luftbewegung, und Wasser,
wurde aus dem ursprünglichen Namen *K'an-yu* bzw.
Kan-ü (übersetzt *Himmel-Erde-Gesetz*) der heute gebräuchliche Begriff *Feng Shui*, *Wind* und *Wasser*.

Ch'i wird über weite Strecken übertragen

Die Kunst des Feng Shui besteht darin, diese subtilen Energien wahrzunehmen, Blockaden oder Störungen im natürlichen Fluß zu erkennen und positiv zu
beeinflussen. Freies Fließen von Energie in uns und
unserer Umgebung bedeutet Harmonie, Wohlbefinden, Gesundheit und gutes Gelingen – eine wichtige
Voraussetzung ist aber, daß wir Veränderungen zum
Positiven in unserem Leben auch wirklich wollen!
Wenn wir zu sehr an Altem, ob nun Verhaltensweisen,
Glaubensmustern oder Lebensumständen, festhalten,
kann Energie dort nicht mehr fließen, stagniert und
stirbt schließlich ab. Erst wenn wir ständigen Wandel
als einen natürlichen Teil unseres Lebens begreifen
und akzeptieren, können wir unser eigenes Potential
immer mehr entfalten.

Freies Fließen von Energie – Harmonie, Gesundheit und Wohlbefinden

Grundlagen des Feng Shui

Eine der ältesten praktischen Künste Chinas

Feng Shui, Inneres wie Äußeres, wird bereits seit über 5000 Jahren praktiziert und ist damit eine der ältesten praktischen Künste in der Geschichte Chinas. Aus der Anfangszeit sind zwar keine schriftlichen Zeugnisse überliefert, aber archäologische Funde, mündliche Überlieferungen und Bezüge in späteren Werken auf ältere Quellen deuten darauf hin, daß in diese Periode die Entdeckung des Pa-K'ua oder Ba Gua – übersetzt: *Acht Trigramme* – fällt, auf das im Verlauf des Buchs ausführlich eingegangen wird. Im Laufe der Zeit entwickelte sich Feng Shui als eine der taoistischen Künste zu einer komplexen Wissenschaft. In der Han-Dynastie (206 v.–220 n.Chr.) wurden die *fangshih*, die taoistischen Meister, eine bedeutende soziale und politische Kraft im Reich. Während der T'ang-, Sung- und Yüan-Dynastie erlebte Feng Shui als systematische Kunst und Wissenschaft die Blüte seiner Entwicklung. Aus dieser Zeit existieren Texte und Handbücher über die Prinzipien von Yin und Yang sowie die fünf Wandlungsphasen oder Elemente. Im Lauf der Zeit entwickelten sich drei große Schulen im Feng Shui: die *Formschule*, die *Kompaßschule* und die unorthodoxe *Schwarzhutschule*. Während sich die

Die drei großen Schulen

Formschule in erster Linie mit glück- oder unglückver-
heißenden Merkmalen der Umgebung wie Felsforma-
tionen oder Flußverläufen beschäftigt, geht die Kompaßschule davon aus, daß die Himmelsrichtungen und
der Stand der Sonne das menschliche Wohlergehen
beeinflussen. Die Schwarzhutschule vereinigt viele
Einflüsse wie z. B. aus dem Buddhismus, dem Taoismus, der tibetischen Bön-Religion und der ganzheitlichen Medizin mit Feng Shui und stellt den Menschen
und sein Ch'i in den Vordergrund. Die Methode des
Tibetischen oder *Drei-Türen-Ba-Gua,* die in diesem
Buch angewendet wird, ist eine Weiterentwicklung
dieser Tradition durch den aus China stammenden
und in Amerika lebenden Großmeister Prof. Thomas
Lin Yun.

Einen starken Einbruch erlitt Feng Shui in der Zeit
der Kulturrevolution, in der diese alte, empirische
Wissenschaft plötzlich als Aberglaube abgestempelt
und alle, die sie anwandten, verfolgt wurden. Trotzdem wurde nach dem Tod von Mao Tse-tung bekannt,
daß der Große Vorsitzende selbst Feng Shui angewendet und für seine Zwecke genutzt hat! Viele Feng-Shui-
Meister und -Meisterinnen mußten in dieser Zeit
China verlassen und siedelten sich in Hongkong, Ma-
laysia, Singapur oder Taiwan an. Hier überlebte diese
alte Kunst und entwickelte sich weiter. In den letzten
Jahren wurde Feng Shui auch im Westen entdeckt –
vor allem in den anglo-amerikanischen Ländern, aber
auch in Deutschland, Österreich und der Schweiz
wurde es immer populärer. Wie jede andere lebendige
Kunst entwickelt sich auch Feng Shui ständig weiter,
bildet neue Schulen und paßt sich dem unterschiedli-

*Feng Shui
entwickelt
sich ständig
weiter*

chen kulturellen Hintergrund der jeweiligen Länder an.

Das Äußere Feng Shui beschäftigt sich, wie gesagt, mit dem Einfluß, den unsere Umgebung auf uns hat. Wie wir ja bereits gesehen haben, hat alles, Sonne, Mond, Landschaftsformationen, Gebäude in unserer Umgebung, die bauliche Struktur unserer Wohnung sowie die Möbel und Einrichtungsgegenstände darin, ein eigenes Ch'i-Feld mit einer bestimmten Frequenz. Alle Felder zusammen bilden eine spezifische energetische Struktur, und diese beeinflußt – unterstützend oder schwächend – uns und unser eigenes Ch'i-Feld.

Ziel des Äußeren Feng Shui ist es deshalb, unsere Umgebung so zu wählen und zu gestalten, daß ein möglichst harmonischer Fluß von förderlichem Ch'i entsteht, der unser persönliches Feld unterstützt.

Inneres Feng Shui beschäftigt sich mit dem Ch'i-Fluß innerhalb unseres Körpers, der für unser Wohlbefinden, unsere Gesundheit und unsere persönliche Entwicklung verantwortlich ist. Ziel des Inneren Feng Shui ist es, Blockaden, die meist durch negative Gedankenstrukturen verursacht werden, zu erkennen und zu lösen.

Ch'i und Yin und Yang

Um Feng Shui richtig verstehen und anwenden zu können, ist die Beschäftigung mit Ch'i, der universellen Energie, sehr wichtig, denn obwohl alles von dieser Energie durchdrungen ist, ist sie nicht in allem gleich. Durch Naturbeobachtungen haben Taoisten vor langer Zeit festgestellt, daß sich die verschiedenen Ausprägungen von Ch'i in einer Art Systematik zusammenfassen lassen. So können alle Erscheinungen, z. B. Formen, Farben, Materialien, Himmelsrichtungen und Gemütszustände, dem Gegensatzpaar Yin und Yang zugeordnet werden. Yin steht dabei für das Aufnehmende, Passive und wird durch eine durchbrochene Linie dargestellt; Yang steht für das Abgebende, Aktive und wird durch eine durchgehende Linie dargestellt. Beide stehen in einer dynamischen Wechselwirkung, und wenn eine Energie ihr Maximum erreicht hat, wandelt sie sich in ihr Gegenteil.

Ch'i – universelle Energie

Yin und Yang – Gegensatz und Einheit

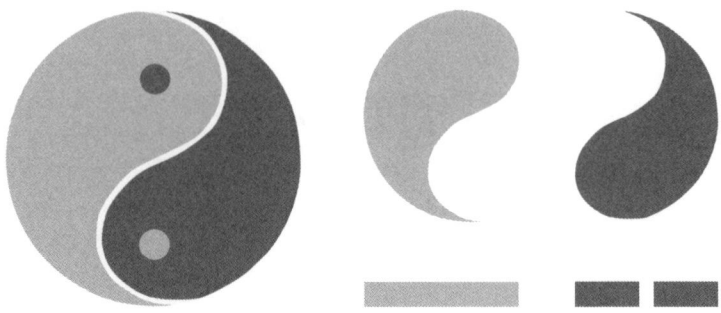

Das Tai Ch'i mit seinen beiden Polen Yang und Yin

Praktisch angewendet bedeutet dieses Prinzip, daß alles, was existiert, einen Gegenpol hat und beide zusammen ein harmonisches Ganzes bilden. So gibt es also keinen Tag ohne Nacht, kein Kalt ohne Warm, kein Männlich ohne Weiblich. Beides ist gleichwertig, und ob etwas yin oder yang ist, hängt vom jeweiligen Bezugspunkt ab: So ist z. B. Sitzen im Vergleich zum Gehen eher yin, also passiv, im Vergleich zum Liegen aber eher yang, also aktiv.

Im Äußeren Feng Shui kann man dieses Prinzip beispielsweise auf die richtige Verteilung oder Nutzung der Räume in einem Haus oder einer Wohnung anwenden. Dafür stellt man zuerst die Lage der verschiedenen Himmelsrichtungen – vom Zentrum der Wohnung oder des Hauses aus gesehen – fest. Der Norden ist die Himmelsrichtung, die am meisten yin ist, und der Süden die, welche am meisten yang ist. Eher yin sind der Westen, der Nordwesten und der Nordosten, eher yang sind der Osten, der Südosten und der Südwesten.

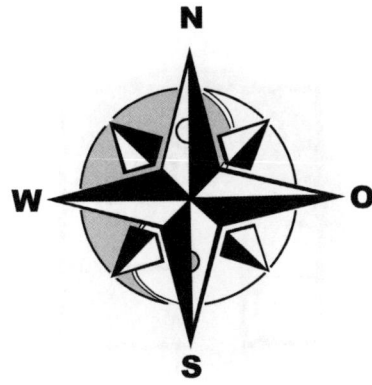

*Jede Himmelsrichtung kann Yin oder Yang
zugeordnet werden*

In einem zweiten Schritt wird dann festgestellt, welcher Raum der Wohnung oder des Hauses welche Art von Energie braucht und ihr entsprechend zugeordnet. So wäre es z.B. günstig, das Schlafzimmer in einen Bereich zu legen, der mehr die ruhige, passive Yin-Energie hat (Norden, Nordosten, Nordwesten oder Westen), ein Arbeitszimmer dagegen in den aktiveren Yang-Bereich (Süden, Osten, Südosten oder Südwesten); vgl. dazu die Abb. S.26.

Es ist aber nicht nur wichtig, die Räume der jeweiligen Energie zuzuordnen, sondern diese Energie muß insgesamt auch frei fließen können: Ch'i fließt ja ständig von einem festen Körper zum anderen. Wenn Ch'i frei fließen kann, wird es im Chinesischen *Sheng-Ch'i* genannt und wirkt sich als solches positiv auf Beziehungen, Gesundheit, Erfolg und das allgemeine Wohlbefinden aus.

*Ch'i muß
frei fließen
können*

Sheng-Ch'i

25

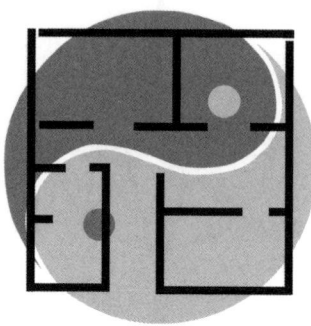

*Günstige Zuordnung der Räume zu den Energien
der Himmelsrichtungen*

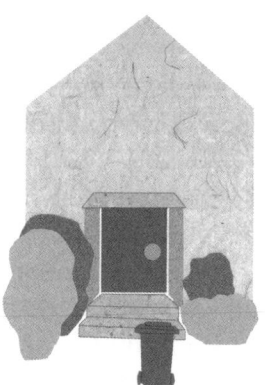

*Ein vollgestellter, blockierter Eingang läßt nicht genug
Ch'i in das Haus fließen*

Wird Ch'i dagegen blockiert, entsteht in einigen Bereichen der Wohnung ein Energiestau und in anderen Bereichen ein Energiemangel. *Sheng-Ch'i* wird dann zu *Si-Ch'i* – stagnierender Energie. Solche Blockaden *Si-Ch'i* entstehen besonders im Eingangsbereich des Hauses oder der Wohnung. Das kann z.B. eine mit Mülltonnen zugestellte Einfahrt sein, ein verwinkeltes, enges Treppenhaus, eine Eingangstür, die sich direkt auf eine Wand hin öffnet oder ein mit Schuhen, Mänteln oder Regalen angefüllter Flur (vgl. Abb. S.26). Stellen Sie sich bei einer Analyse einfach Ihre Wohnung als lebenden Organismus vor: Eine Wohnung, deren Eingangsbereich blockiert ist, kann nicht richtig »atmen«!

Aber auch wenn Energie sich zu stark beschleunigen *Sha-Ch'i* kann, wie z.B. auf einer geraden Straße, die direkt auf eine Eingangstür zuläuft, oder auch in langen Korridoren, verwandelt sich für uns an sich positives Ch'i in schädliches *Sha-Ch'i* – schneidendes Ch'i.

Sha-Ch'i, verursacht durch eine Straße,
die direkt auf das Haus zuführt

Fünf Wandlungsphasen und acht Trigramme

Die fünf Elemente

C h'i, die universelle Lebensenergie, kann aber noch weiter verfeinert werden: So lassen sich alle Erscheinungen nicht nur Yin oder Yang zuordnen, sondern auch einer der fünf Energieformen – den sogenannten fünf Elementen.

- Alles, was eine Energiebewegung von unten nach oben-außen hat, gleichgültig ob Material, Form, Himmelsrichtung, Farbe oder Emotion, gehört zum Element *Holz*.
- Zum Element *Feuer* wird alles mit einer Energiebewegung nach außen gezählt.
- Zum Element *Erde* gehört alles mit einer horizontalen Bewegung.
- Das Element *Metall* repräsentiert die Erscheinungen, in denen sich die Energie nach innen konzentriert.
- Das Element *Wasser* faßt all diejenigen Erscheinungen zusammen, in denen die Energie nach unten fließt.

Erzeugen – kontrollieren – schwächen

Diese Energien können sich gegenseitig erzeugen, kontrollieren oder schwächen. So stärkt oder nährt im erzeugenden Zyklus Holz Feuer, Feuer erzeugt Erde,

Erde bringt Metall hervor, Metall fließt, wenn es ge-
schmolzen wird, wie Wasser, und Wasser nährt Holz.
Im kontrollierenden Kreislauf zerstört oder laugt Holz
Erde aus, Feuer schmilzt Metall, Erde verschmutzt
Wasser, Metall schneidet Holz, und Wasser löscht
Feuer. Beim schwächenden Zyklus ist die Interaktion
der Elemente folgendermaßen: Ähnlich wie ein Kind
während der Schwangerschaft Energie von der Mutter
bekommt und sie damit schwächt, schwächt alles, was
vom Energiefluß her zum Element Holz gehört, alles,
was zum Element Wasser gehört; Wasser schwächt
Metall, Metall schwächt Erde, Erde schwächt Feuer,
und Feuer schwächt Holz.

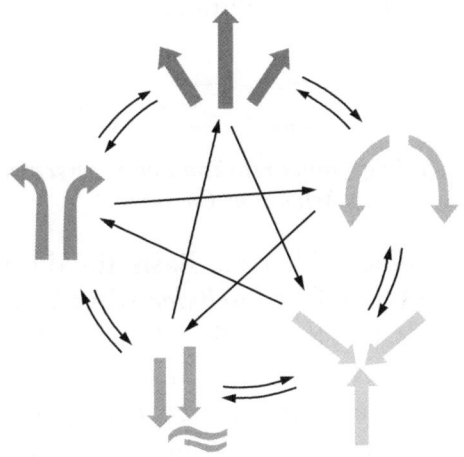

Der erzeugende, der kontrollierende und der schwächende
Kreislauf der fünf Elemente

Mit Hilfe dieser zyklischen Reihenfolge kann man
nach dem Äußeren Feng Shui feststellen, ob etwa bestimmte Farben oder Formen in der Wohnung harmo-

nieren oder ob ein bestimmtes Element in ausreichender Menge in unserer Umgebung vorhanden ist.

Eine weitere Verfeinerung dieses Systems stellen die

Die acht acht Trigramme dar. So haben die Elemente Holz,
Trigramme Erde und Metall noch jeweils eine Yin- und eine Yang-Ausprägung. Feuer und Wasser sind nach chinesischem Verständnis reine, klare Formen von Energie, die sich deshalb nicht mehr weiter untergliedern lassen. Ausgehend von der Darstellung als binärer Code, die wir ja bereits von Yin – unterbrochener Strich – und Yang – durchgehender Strich – kennen, lassen sich die spezifischen Energien der acht Erscheinungsformen als Kombination von drei durchgezogenen oder unterbrochenen Strichen darstellen.

Die acht Trigramme repräsentieren verschiedene
Arten von Energie

Diese Trigramme bilden die Basis für die 64 Hexa-
Das I Ging gramme des *I Ging*. Das *Buch der Wandlungen*, wie es übersetzt heißt, beschreibt die zyklischen Veränderungen, denen alles im Universum und damit auch das menschliche Leben unterworfen ist. Wenn wir diese Veränderungen verstehen, können wir am richtigen Ort zur richtigen Zeit mit der richtigen inneren Einstellung – und darum geht es im Inneren Feng Shui – mühelos und erfolgreich das Richtige tun. Welches tiefe Wissen um die Funktionsweise der Welt in diesem alten Weisheitsbuch verborgen ist, haben Wissenschaftler in den siebziger Jahren herausgefunden: Sie

30

entdeckten, daß das System des I Ging in Aufbau und Inhalt exakte Parallelen zum genetischen Code, also der »Urformel« des Lebens hat.[2]

In der taoistischen Kosmologie gibt es zwei verschiedene Systeme, in denen die acht Trigramme angeordnet sind: das *Ho-t'u* und das *Lo-shu*. Der Legende nach erschien dem Weisen Fu Hsi aus den Fluten des Flusses Ho ein Pferd, auf dessen Flanke Punkte nach einem bestimmten System angeordnet waren. Dieses System ist auch als das *Pa-k'ua* oder *Ba Gua des früheren Himmels* bekannt und stellt die ideale Ordnung aller Dinge dar. Im Feng Shui wird es vor allem für die Auswahl der richtigen Grabstätte und auf den sogenannten Ba-Gua-Spiegeln zur Abwehr negativer Energien verwendet.

Ho-t'u und Lo-shu

Das Ba Gua des früheren Himmels

2 Martin Schönberger: *Verborgener Schlüssel zum Leben*, Bern und München 1973.
Katya Walter: *Chaosforschung, I Ging und Genetischer Code*, München 1992.

Das zweite System ist das *Lo-shu*, das *Ba Gua des späteren Himmels*. Wiederum erschien einem Weisen ein Tier: Diesmal war es eine Schildkröte, und der Weise trug den Namen Yü. Die Anordnung der Muster auf dem Schildkrötenpanzer bildete das, was in vielen Kulturen als Magisches Quadrat bekannt ist. Magisch deshalb, weil alle Zahlen miteinander in Reihen, Spalten oder Diagonalen addiert die Zahl 15 ergeben.

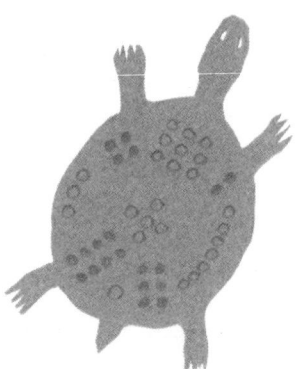

Das Ba Gua des späteren Himmels

Das Lo-shu ist, kombiniert mit den Trigrammen des Pa-k'ua (Ba Gua) und den fünf Elementen, die Grundlage für fast alle Schulen des Feng Shui. Vor einigen Jahren ergänzte der Feng-Shui-Großmeister Prof. Lin Yun, ein Vertreter der unorthodoxen Schwarzhutschule, dieses System mit der Zuordnung von bestimmten Lebensbereichen zu den einzelnen Trigrammen. Diese Methode des *Tibetischen Ba Gua* – »tibetisch« deshalb, weil diese Schule sich ursprünglich in Tibet entwickelt hat – oder *Drei-Türen-Ba-Gua* ist einfach anzuwenden und hat sich in der Praxis, vor allem in Kombination mit dem Inneren Feng Shui, als sehr wirkungsvoll erwiesen.

Grundlage dieser Lehre ist die Erkenntnis, daß die Lebensbereiche Karriere/Lebensweg, Partnerschaft, Familie, Wohlstand/Fülle, Gesundheit, Freunde/Mentoren, Kinder/Kreativität, Wissen und Ruhm/Wirkung nach außen ihre Entsprechungen in unserem Wohn- und Arbeitsumfeld haben. Vielleicht haben Sie sich mit dieser Methode des Feng Shui schon beschäftigt, dann wissen Sie, daß sich die Lage der einzelnen Bereiche nach der Lage der Haupteingangstür Ihrer Wohnung, Ihres Hauses oder Ihres Büros richtet. In Haus- oder Wohngemeinschaften ist die Tür zu dem Bereich, den Sie als Ihren betrachten, ausschlaggebend.

Lebensbereiche haben eine Entsprechung im Raum

Da sich Mensch und Raum in einem ständigen, wechselseitigen Austausch befinden, spiegelt sich einerseits unser momentaner Zustand in unserer Wohnung oder unserem Haus, werden wir andererseits aber auch vom Raum um uns beeinflußt. Deshalb ist es möglich, durch gezielte Veränderungen im Raum auch die entsprechenden Lebensbereiche positiv zu beeinflussen. Dazu gibt es nicht nur eine Fülle von Literatur, sondern auch Hilfsmittel wie z. B. Spiegel, Windspiele, Zimmerbrunnen u. a. All dies ist die Domäne des Äußeren Feng Shui. Alle diese Veränderungen können aber nur dann wirklich dauerhaft und für uns sinnvoll sein, wenn wir uns gleichzeitig damit auseinandersetzen, warum der eine oder andere Lebensbereich doch nicht so ist, wie wir ihn uns wünschen! Dazu können wir die folgende Tabelle zu Hilfe nehmen.

Ba-Gua-Bereich	Steht für:	Sollte aktiviert werden bei:
Karriere/Lebensweg	• Lebensfluß • Innere Überzeugung, Intuition • Berufliche Situation • Lebensweg	• Ständigen Zweifeln am Lebensweg, am Beruf • Gefühl der Unzufriedenheit und Stagnation
Partnerschaft	• Beziehungen zu Lebenspartnern, Freunden, Nachbarn und Arbeitskollegen • Berufliche Partnerschaften	• Schwierigen zwischenmenschlichen Beziehungen • Unfähigkeit, eine Partnerschaft einzugehen • Beziehungs- oder Eheproblemen • Nachbarschaftsproblemen
Familie	• Herkunft • Beziehung zu Eltern • Beziehung zu Vorgesetzten	• Ungelösten eltern- oder familienbezogenen Themen • Problematischen Beziehungen zu Autoritätspersonen
Wohlstand/Fülle	• Inneren und äußeren Reichtum • Zufriedenheit mit dem, was ist • Innere Bereitschaft, die Herausforderungen des Lebens konstruktiv und mit Freude zu bewältigen	• Finanziellen Problemen • Gefühl der Unzufriedenheit und des »Zu-wenig-Habens«

Tai Ch'i/ **Gesundheit**	• Zentriertsein • Innere Kraftreserven • Gesundheit • Energiezentrum der Wohnung	• Krankheiten • Anstrengender Lebensweise • Energiedefiziten • Innerer Unruhe und Zerrissenheit
Freunde/ **Mentoren**	• Freundschaften • Soziales Umfeld • Unterstützung und Hilfestellung von außen • Glückliche Umstände	• Einsamkeit • Gefühl der Isolation • Gefühl des »Alles-allein-machen-Müssens«
Kinder/ **Kreativität**	• Beziehung zu Kindern • Kreativität, Inspiration, Ideen	• Problematischen Beziehungen zu Kindern • Kinderlosigkeit • Mangelnder Kreativität
Wissen	• Inneres Wissen • Intuition • Äußeres Wissen	• Unruhe • Fehlendem Kontakt zu sich selbst • Problemen, die mit Wissen zu tun haben (Schule, Studium, Beruf etc.)
Ruhm/ **Wirkung** **nach außen/** **Erleuchtung**	• Image und Ansehen • Wirkung nach außen • Erleuchtung • Ausstrahlung	• Starker Abhängigkeit von der Meinung anderer • Mangelndem Selbstbewußtsein • Problemen, die eigenen Überzeugungen auszudrücken und zu leben

Wie wir in den folgenden Kapiteln sehen werden, haben eben unsere Gedanken, Meinungen und Glaubenssätze – also das menschliche Ch'i – einen großen Einfluß auf unser Leben und sind für viele Blockaden verantwortlich. Äußeres Feng Shui kann wohl Prozesse in Gang setzen und uns bei unserer Entwicklung unterstützen, echte Veränderungen können aber nur aus uns selbst heraus kommen – auf dem Weg des Inneren Feng Shui!

Gehen Sie die einzelnen Bereiche der Tabelle der Reihe nach durch, und wählen Sie – eventuell mit einem kleinen Häkchen – den- oder diejenigen aus, die Sie im Moment am meisten ansprechen. Achten Sie dabei einfach auf Ihr Gefühl!

Mit dem für Sie im Moment wichtigsten Bereich werden wir im folgenden arbeiten. Zuerst werden wir mit Hilfe des Inneren Feng Shui versuchen, die zugrundeliegende Struktur zu erkennen, die für Ihre momentane Situation in diesem Bereich verantwortlich ist, und sie zu lösen. Dies schafft die Voraussetzung für eine dauerhafte Veränderung, die wir in einem zweiten Schritt durch Maßnahmen des Äußeren Feng Shui unterstützen und festigen können.

Inneres
Feng Shui

Inneres Feng Shui, also die Kultivierung des Geistes und des Körpers, ist genauso alt wie das Äußere Feng Shui. Auch hier liegen die Wurzeln im Taoismus, bei dem – anders als z. B. bei einigen Richtungen des Buddhismus – die Gesunderhaltung und Wertschätzung des Körpers wie auch des Geistes einen wichtigen Platz einnimmt. Die Taoisten haben schon früh ein komplexes System von Körperübungen, Ernährung und Meditation entwickelt, das die Aufnahme, Kultivierung und das freie Fließen von Energie ermöglicht. Aus diesen Übungen ist das Qi Gong und das Tai Ch'i entstanden, die ja beide schon das Wort für Energie, Qi bzw. Ch'i, enthalten.

Grundlagen des Inneren Feng Shui

Während sich das Äußere Feng Shui, wie gesagt, mit dem Fließen der Energie in der Umgebung beschäftigt, geht es im Inneren Feng Shui um den Energiefluß im menschlichen Körper – denn nach taoistischer Vorstellung ist das, was wir als Lebensfreude, Liebe, Glück, Gesundheit und Erfolg kennen, nur ein Synonym für das freie, ungehinderte Fließen von Energie. Unser natürlicher Zustand ist nach taoistischer Auffassung der eines unbeschwerten, glücklichen Lebens, und erst durch die Blockaden und Widerstände, die sich im

Lauf der Zeit entwickeln, fühlen wir uns davon getrennt. Statt *Panta rhei – Alles fließt –* scheint für viele von uns das Leben eher unter dem Motto *Alles holpert* zu stehen. Ich habe Ihnen versprochen, in diesem Buch aufzuzeigen, *warum* nicht alles fließt und *wie* diese Blockaden und Widerstände erkannt, verstanden und schließlich aufgelöst werden können. Unser Ziel ist es, Energien dort, wo sie blockiert sind, wieder zum ungehinderten Fließen zu bringen und damit in die Lebensbereiche, die im Moment Probleme machen, frische Energie, Freude und Glück zu bringen!

Wie wird Energie aufgenommen?

Betrachten wir zuerst einmal, wie wir Energie aufnehmen, wie sie in unserem Körper fließt und was wir damit machen.

Es gibt vier Wege, über die wir Energie aus der Umgebung aufnehmen, sozusagen auftanken: über die Nahrung, die Luft, das Licht und unsere Umgebung. Beginnen wir mit der *Nahrung.* Wie jeder andere feste

Ch'i in der Nahrung

Körper hat auch das, was wir essen, sein ganz spezifisches Ch'i. Diese Energie ist bei Fleisch anders als bei Gemüse, bei Getreide anders als bei Salat. Grundsätzlich gilt: Je mehr etwas weiterverarbeitet wurde, desto stärker hat sich sein Ch'i verändert. Nehmen wir z. B. das sogenannte Formfleisch. Normales Fleisch – meistens Reste – wird dafür stark zerkleinert und dann erneut in Fleischform gepreßt. Die natürliche Struktur des Fleisches wird durch das Zerkleinern zerstört und durch eine künstliche ersetzt. Diese kennt unser Körper nicht und muß sie mit großem Energieaufwand in eine für ihn verwertbare Form umwandeln. Ähnlich verhält es sich mit weiterverarbeiteter Nahrung wie Konserven oder Fertiggerichten und gentechnisch

veränderten Lebensmitteln. Grundsätzlich ist »lebendige« Nahrung, d. h. solche, die soviel natürliches Ch'i wie möglich hat, stets vorzuziehen!

Was und wieviel wir essen sollten, weiß unser Körper selbst am besten. Wir sollten einfach wieder lernen, auf seine Signale zu hören ... und diese dann auch wirklich umsetzen.

Die Qualität der Energie, die wir mit der Nahrung aufnehmen, wird darüber hinaus dadurch beeinflußt, wie das Tier oder die Pflanze gelebt hat. Ch'i ist ja nicht nur Energie, sondern speichert und transportiert auch Informationen. Durch das, was wir essen, nehmen wir auf, was das Tier oder die Pflanze »erlebt« hat. Sie können sich vorstellen, welche Informationen ein Tier aus Massentierhaltung und welche ein artgerecht gehaltenes Tier an Sie weitergibt. Auch bei Pflanzen ist es ein großer Unterschied, ob sie aus biologischem Anbau oder aus einem Treibhaus stammen, in dem Nährlösungen und Kunstdünger Erde, Luft und Sonne ersetzen.

Das bringt uns zu einem weiteren Punkt in bezug auf unsere Ernährung: Achtung und Respekt. Egal, ob wir Vegetarier oder Veganer sind oder uns gemischt ernähren: etwas – ob Tier oder Pflanze – ist für uns gestorben. Nun wäre eine Konsequenz aus dieser Erkenntnis, sich nur noch von Eiswürfeln zu ernähren ... ich denke aber, das ist nicht nötig. Wir sind ein Teil der Natur und eingebunden in den Kreislauf des gegenseitigen Erhaltens. Was wir aber denjenigen Lebewesen schuldig sind, die uns erhalten, sind in jedem Fall Achtung und Respekt. Vielleicht nehmen Sie sich vor Ihrer nächsten Mahlzeit einfach einmal kurz die Zeit, sich bewußt mit dem zu beschäftigen, was auf Ihrem Teller vor Ihnen liegt . . . und sich bei Ihrer Mahlzeit zu bedanken! Sie werden sehen, daß Sie nicht nur ein positiveres Verhältnis zu Ihrem Essen entwickeln, sondern es dann auch viel besser vertragen.

Frische Luft, natürliches Licht

Weitere Wege, über die wir Ch'i aufnehmen, sind *Licht* und *Luft*, denn beide transportieren Ch'i. Welche Auswirkungen Licht, oder besser das Fehlen von Licht auf uns hat, wird daran deutlich, daß in unserer Hemisphäre die Anzahl von Alkoholismus und Depressionen in der Bevölkerung überproportional ansteigt, je weiter nördlich ein Land liegt. Aber so weit brauchen wir nicht einmal zu gehen, um die Wirkung von Licht-Ch'i zu beobachten. Die meisten von Ihnen kennen sicher die Wirkung, die die ersten sonnigen Frühlingstage auf den Energiehaushalt und die Stimmung haben! Beschwingt und leicht macht uns dieses Licht. Im Winter, wenn natürliches Licht hingegen nicht in ausreichendem Maße vorhanden ist, ist es für unser Wohlbefinden sehr wichtig, für eine gute, abwechslungsreiche Beleuchtung zu sorgen. Da aber auch künstliches Licht ein verändertes Ch'i hat, ist es natürlich für Ihren Energiehaushalt auch in der dunklen Jahreszeit besser, sich soviel wie möglich im Freien aufzuhalten.

Dies um so mehr, weil wir auch über die *Luft* Ch'i aufnehmen. Wichtig ist hier zum einen die Qualität der Luft, die wir atmen. Gute, Ch'i-reiche Luft ist schadstoffarm und sauerstoffreich. Zum anderen kommt es darauf an, wieviel von dieser Luft wir tatsächlich in uns aufnehmen. Durch unser relativ bewegungsarmes Leben, zu enge Kleidung und den zunehmenden Leistungsdruck haben wir uns eine flache Brustatmung angewöhnt, mit der nur etwa 30–50 % der eigentlichen Lungenkapazität ausgenutzt werden. Diese Unterversorgung des Körpers mit Sauerstoff und Energie schwächt auf lange Sicht unsere Organe und die Leitungsbahnen des Ch'i, die Meridiane. Tiefe Bauchatmung, bequeme Kleidung und ausreichend Bewegung wirken dem entgegen. Sie tun sich mit einem langen Spaziergang in frischer Luft immer etwas Gutes!

Wir nehmen aber nicht nur das Ch'i unserer Nahrung, von Licht und Luft auf, sondern auch das unserer *Umgebung*. Erinnern Sie sich, daß ich weiter oben gesagt habe, daß sich unser Feld kontinuierlich mit dem der Umgebung mischt? Wir nehmen von allem, was uns umgibt, Energie und Information auf und werden – je nachdem, welche Frequenz beides hat – davon beeinflußt. Vielleicht kennen Sie einen bestimmten Platz, einen Park, ein Restaurant oder einen Urlaubsort, an dem Sie sich besonders gerne aufhalten, weil Ihnen hier immer Ideen zuzufliegen scheinen, Sie besonders fröhlich oder entspannt sind. Oder es gibt Menschen, in deren Gegenwart Sie sich einfach wohl fühlen, mit denen Sie neue Lösungen für alte Probleme finden und mit denen Sie herzlich lachen können. Über das *Resonanzprinzip*, das besagt, daß Gleiches Gleiches anzieht und das später noch ausführlich vorgestellt wird, bringen die Schwingungen dieser Orte oder Menschen eine entsprechende Schwingung in Form von Gefühlen, Gedanken oder Empfindungen in Ihnen hervor – genau wie eine Saite einer Gitarre die einer anderen im Raum zum Klingen

Das Um-gebungs-Ch'i

bringt. Während es im Äußeren Feng Shui darum geht, eine Umgebung zu schaffen, die positive Schwingungen in uns anspricht, geht es im Inneren Feng Shui darum, die eigene Schwingung so zu verändern, daß wir über das Resonanzprinzip eine positive Umgebung anziehen.

Mit Energie arbeiten

Die Menge und Qualität der Energie, die wir auf diesen vier Wegen aufnehmen, ist zwar wichtig, weil sie sozusagen unseren Energiepool bildet – ausschlaggebend ist dann aber, was wir mit dieser Energie machen! Durch meine Arbeit mit anderen Menschen habe ich die Erfahrung gemacht, daß das Innere Feng Shui – und damit wir selbst – eine unglaubliche Kraft besitzt und die Grundlage für ein selbstbestimmtes, glückliches Leben ist. Viele Menschen sind, obwohl sie objektiv betrachtet ein gutes, gesichertes Leben haben, trotzdem unglücklich, ängstlich oder unzufrieden. Auf der anderen Seite habe ich – und sicher auch Sie – oft Menschen getroffen, die trotz Krankheit, finanzieller Unsicherheit oder anderer Schwierigkeiten glücklich und von einer überspringenden Lebensfreude sind. So erschaffen wir mit unserer inneren Energie *uns* und *unsere* Welt und können selbst daran mitwirken, wie unsere Gegenwart und unsere Zukunft aussieht.

Wie das genau funktioniert, werde ich Ihnen in den folgenden Kapiteln noch ausführlich zeigen, deshalb möchte ich mich hier auf einige grundlegende Aspekte beschränken. Wenn die Energie, die wir täglich aufnehmen, frei in uns fließen kann, sind wir gesund, voller Energie und Lebensfreude. Körper, Geist und Seele sind in Harmonie, und Probleme – die in jedem Leben auftreten – können wir als Herausforderung begegnen und nicht mehr als ungerechter Strafe. Dieser Zustand ist das, was Lao-tse im *Tao Te King* mit dem Wort *Te* benennt: *Te* ist die große persönliche Kraft, die sich dann einstellt, wenn wir im Einklang mit dem Tao sind, wenn alle Energien in uns und um uns herum frei fließen. Wir kennen diesen unbeschwerten Zustand noch aus der Zeit unserer frühen Kindheit. Im Laufe der Zeit kommen dann – zuerst von außen, dann von innen – immer mehr Blockaden und Widerstände dazu, die unseren freien Fluß blockieren und stauen. Wir teilen uns in Körper und Geist und übergeben dem Geist, dem Verstand das Kommando. Wille, eisern und unbeugsam, tritt an die Stelle von dem Wissen, daß *alles seine Zeit hat* und Handeln zur falschen Zeit nur Widerstand und Schwierigkeiten hervorruft. Wir sind oft wie Bauern, die es sich in den Kopf gesetzt haben, im Herbst zu säen und im Frühjahr zu ernten! Lernen wir doch wieder, den Fluß zu spüren und den rechten Zeitpunkt zu erkennen . . .

Der Körper wird häufig als Nutzfahrzeug betrachtet und fällt uns nur noch dann auf, wenn er sich durch Schmerzen oder Krankheit meldet. Beides, Blockaden und die innere Spaltung, führt auf der körperlichen Ebene zu Schwäche und Krankheiten, auf der geistigen Ebene zu Depressionen, Angst, Mißtrauen oder Zorn und auf der seelischen zu einem Gefühl von Leere, Sinnlosigkeit, Lieblosigkeit und Isolation. Da alle drei Ebenen miteinander verbunden sind, haben körperliche Blockaden natürlich auch Auswirkungen auf Geist und Seele und umgekehrt. Diesen Zusammenhang haben Sie sicher bei sich schon beobachtet – mir geht es z. B. so, daß ich, wenn etwa eine Erkältung im Anzug ist, sehr deprimiert bin. Andererseits wirkt sich Streß nach einiger Zeit nicht nur auf unsere geistig-seelische Verfassung, sondern auch auf unseren Körper aus.

Was blockiert unser Ch'i?

Wie entstehen nun diese Blockaden? Auf körperlicher Ebene sind hier, wie bereits angesprochen, vor allem Bewegungsmangel, flache Atmung und falsche Ernährung die Ursachen. Alle drei sorgen für eine Unterversorgung unseres Körpers mit Ch'i, die sich nach einiger Zeit als Gesundheitsstörung bemerkbar macht. Durch Bewegung, Qi Gong, Tai Ch'i oder ähnliches, bewußte und tiefe Atmung und Ch'i-reiche, »lebendige« Ernährung können diese Blockaden meist relativ einfach behoben werden. Sehr viel schwieriger zu erkennen und zu lösen sind Blockaden auf geistig-seelischer Ebene. Aber genau diese sind es, die uns am meisten behindern, bremsen und von uns selbst trennen. Und sie werden in erster Linie verursacht durch unsere Art zu *denken*!

Jeder Gedanke, jede Emotion ist ein schwach energetischer elektromagnetischer Impuls mit einer ganz bestimmten Frequenz. Mit dieser Frequenz »färben« wir sozusagen die Energie, die uns durch die aufgenommene Nahrung etc. zur Verfügung steht. Im folgenden werden wir sehen, daß wir aus verschiedenen Gründen erstens häufig negativ von uns und unserer Welt und zweitens *ununterbrochen* denken. Beides sorgt dafür, daß unsere innere Energie blockiert und eine entsprechende Frequenz bekommt.

Erinnern Sie sich einmal an eine Situation, in der Sie sehr wütend waren: Auf körperlicher Ebene können Sie die durch Wut verursachten Blockaden als flache Atmung, den »Kloß« im Magen und eine besonders im

Nacken-, Schulter- und Kieferbereich angespannte Muskulatur wahrnehmen. Das Blut staut sich hier, und andere Körperregionen, wie z. B. die Extremitäten und Verdauungsorgane, werden dagegen kaum noch versorgt. Auf geistiger Ebene zeigen sich diese Blokkaden darin, daß Sie nicht mehr klar denken konnten und auf einen Punkt fixiert waren – und so Ihre gedankliche Energie nicht mehr frei fließen konnte.

Die durch unser Denken, Fühlen und Handeln entstandene Frequenz wirkt sich aber nicht nur auf uns und unseren eigenen Energiefluß aus, sondern geht über unser Ch'i-Feld nach außen. Diese Art von bioelektrischer Energie hat die Eigenschaft, sich mit anderen Energien ähnlicher Frequenz zu verbinden und dann zu ihrer Quelle, in diesem Fall uns, zurückzukehren. Sie können sich vorstellen und haben es vielleicht auch längst erfahren, welche Auswirkungen damit unsere Art zu denken für uns selbst, aber auch für unsere Umwelt hat.

Wenn wir also etwas in unserem Leben ändern möchten, ist es gut, uns zuerst unseren eigenen Energien zuzuwenden. In *uns* liegt die unbeschwerte Lebensfreude, das Glück und die Liebe in einer unendlichen Fülle, und jeder von uns verdient es, dorthin zu kommen. Auch Sie! Also fangen wir an.

Die Entdekkung unserer eigenen Energie

Wir haben es verdient, glücklich zu sein

U m unseren geistig-seelischen Blockaden auf die Spur zu kommen, wollen wir uns zunächst einmal ansehen, was unsere Gesellschaft über Glück denkt.

Unsere Gesellschaft und das Glück

Glück, vor allem Glück haben, wird in unserer Gesellschaft oft als Synonym für etwas gebraucht, was jemandem unverdient und leicht zufällt. *Glück gehabt* heißt eigentlich *Du hast es zwar nicht verdient, aber...*

Glückliche Menschen sind vielen von uns irgendwie suspekt, und wenn jemand in der Bahn, scheinbar grundlos, lächelt oder beim Fahrradfahren singt, kommt uns das eher seltsam vor. Der Gedanke an Glück, so sehr wir es uns auch wünschen, beunruhigt – denn Glück ist etwas, was sich unserer Kontrolle, unserem Willen entzieht. Wenn wir dann doch einmal glücklich sind, haben wir vielleicht sogar ein schlechtes Gewissen: *Wie kann ich glücklich sein, wenn so viele Menschen im meiner Umgebung unglücklich sind und leiden?* In vielen Gesprächen und Beratungen habe ich diesen Satz immer wieder gehört, vor allem von Menschen, die kranke oder unglückliche Angehörige haben. Dieses schlechte Gewissen geht manchmal so weit, daß jemand aus Schuldbewußtsein darüber, daß es ihm oder ihr selbst gutgeht, die gleiche Krankheit oder ähnliche Probleme bekommt wie der Betroffene. Glauben auch Sie tief in Ihrem Innern, daß Sie es nicht verdient haben, glücklich zu sein?

Dies zu glauben hindert Sie nicht nur an Ihrer Entfaltung es ist schlicht und einfach falsch! Es gibt im Taoismus ein Bild, das *Die Essigkoster* heißt: Man sieht drei Männer, die um ein Faß mit Essig stehen und davon kosten. Der erste macht ein saures Gesicht, der zweite ein bitteres, der dritte aber lächelt. Die drei Männer stellen hier symbolisch die unterschiedlichen philosophischen Traditionen Chinas dar, der Essig die Essenz des Lebens. Der erste vom Essig Kostende, Konfuzius oder K'un Fu-tse, war der Ansicht, daß menschliches Zusammenleben nur mit strenger Disziplin, höfischen und religiösen Ritualen sowie festgelegten Verhaltensnormen möglich sei. Der zweite, Buddha, lehrte, daß Leben Leiden ist, aus dem man sich befreien muß. Nur Lao-tse, der dritte Essigkoster, lächelte – denn für ihn rührte das Saure und das Bittere vom Verstand her, der störend und nichtachtend eingreift. Das Leben an sich – so sehen es die Taoisten – ist süß, wenn wir alles, was das Leben bringt, wertschätzen, daraus lernen und damit arbeiten. Dieses Leben in Harmonie mit dem Tao ist ein glückliches und unbeschwertes Leben.

Es ist meine feste Überzeugung, daß wir auf dieser Welt sind, um glücklich zu sein und andere glücklich zu machen. Jeder hat, wie ich schon sagte, unbegrenztes Glück, Gesundheit und Lebensfreude in sich. Das ist, was die Taoisten das *TAO* nennen und die Buddhisten die *Buddha-Natur* eines Menschen. *Es ist das*

Wir sind hier, um glücklich zu sein!

freie, ungehinderte Fließen von Energie. Jedes Kind, das unter normalen Verhältnissen aufwächst, hält sich selbst für wundervoll und diese Welt für einen großartigen, spannenden Ort, an dem immer alles vorhanden ist, was es braucht. Erst wenn es älter wird, entwickelt es das, was viele Autoren sehr zutreffend als Mangelbewußtsein bezeichnen. Es merkt, daß vieles plötzlich rationiert und von Bedingungen abhängig gemacht wird. Wenn es also sein Taschengeld für ein Überraschungsei und ein Mickymaus-Heft ausgibt, reicht es nicht mehr für den Ball, und wenn es dieses oder jenes nicht tut, hat der Papa, die Mama oder sonst ein Angehöriger einen nicht mehr lieb. Das heißt, daß wir nach und nach den Kontakt zu diesem bedingungslosen Glück, der Lebensfreude und dem Gefühl von Fülle in uns verlieren und es durch das in unserer Gesellschaft vorherrschende Mangelbewußtsein ersetzen. Den Kontakt zu verlieren bedeutet aber nicht, daß etwas nicht mehr vorhanden ist, sondern nur, daß wir Wege suchen müssen, um die Verbindung dazu wiederherzustellen. Jeder – etwas Geduld und den Willen dazu vorausgesetzt – kann dies!

Noch einmal kurz zusammengefaßt:
- Wir haben es verdient, glücklich zu sein.
- Wir sind auf dieser Welt, um glücklich zu sein und glücklich zu machen.
- Unbegrenztes Glück ist in uns vorhanden.
- Diese Energie möchte frei fließen.
- Befreien wir uns so von Blockaden, verwirklichen wir uns selbst, und dies hilft nicht nur uns, sondern unserer gesamten Umgebung.

Was hindert uns daran, das Glück in uns wahrzunehmen?

N eben unserer Einstellung zum Glück hindert uns aber noch etwas anderes daran, es wahrzunehmen: Wir suchen an der falschen Stelle.

Glück wahrnehmen

Wir machen oft unser Glück von äußeren Bedingungen abhängig. Also erst wenn wir einen Partner gefunden, das neue Haus gebaut haben oder Abteilungsleiterin geworden sind, werden wir glücklich sein. Und erst dann. So meinen wir! Sie sehen schon an der Verwendung des Futurs, daß wir damit das Erreichen des Glücks in eine ferne Zukunft verlegen. Haben wir dieses Ziel dann doch einmal erreicht, freuen wir uns vielleicht für eine Weile, doch wirkliche Veränderung und ein dauerhaft positives Lebensgefühl bringt es uns nicht. Denken Sie einmal an Ihre Vergangenheit: Wie haben Sie sich gefühlt, als Sie ein lang gehegtes Ziel endlich erreicht hatten? Sind Sie dadurch dauerhaft glücklich geworden? Oder haben Sie sich, eben weil Sie es *nicht* geworden sind, ein neues Ziel gesteckt?

Verstehen Sie mich bitte nicht falsch. Wünsche und Ziele sind durchaus etwas Positives. Nur sollten und können wir unser persönliches Glück nicht von ihnen abhängig machen! Um wirkliches, dauerhaftes Glück zu finden, können wir uns nur nach innen, uns selbst zuwenden. Wirkliches, dauerhaftes Glück ist in uns und ist wunderbar unabhängig von unseren äußeren Lebensumständen. Sie sind kein hilfloses Opfer der Umstände mehr, sondern haben Ihr Leben selbst in der Hand. Aber Sie müssen dann auch bereit sein, Verantwortung für sich und Ihr Leben zu übernehmen. Das klingt simpel, ist in der Praxis aber oft schwer.

Gut, wir haben also gesehen, daß Glück nicht von der Außenwelt abhängig ist, sondern in uns liegt. Das bringt uns erneut zu der Frage: Wenn Glück schon da ist, was hindert uns daran, es wahrzunehmen? Die Antwort ist einfach: wir selbst! Oder besser gesagt, unsere Gedanken, Meinungen und Konzepte.

Descartes' Ausspruch *Ich denke, also bin ich* ist zu einer Art Leitsatz der westlichen Gesellschaft geworden. Er suggeriert, daß wir nicht mehr existieren, wenn wir nicht denken. Nichts könnte weiter von der Wirklichkeit und dem Erleben von Glück entfernt sein!

Wenn wir den Satz umdrehen, also *Ich bin, also denke ich*, kommen wir der Sache schon näher.

Um zu verstehen, wie und warum uns unsere Gedanken im Weg stehen, wollen wir uns etwas näher mit ihnen beschäftigen.

Alltagsbewußtsein

A lles, was uns den ganzen Tag so durch den Kopf geht, sind Gedanken. Also Bilder, Ideen, Teile von formulierten Sätzen oder das Lied, das wir morgens im Radio gehört haben. Diese Gedanken beschäftigen sich mit der Analyse von Situationen aus der Vergangenheit – *Vielleicht wäre es anders gelaufen, wenn ich nichts gesagt hätte* –, versuchen die Wahrscheinlichkeit bestimmter Ereignisse in der Zukunft zu bestimmen – *Das wird bestimmt wieder eine unangenehme Sache, das sind diese Besprechungen immer* – und kommentieren das, was wir gerade tun – *Das blöde Ding geht nicht auf!*

Diesen inneren Monolog nenne ich im folgenden *Alltagsbewußtsein*. Er beansprucht 5 bis 10 % der Gehirnkapazität. An unserem gesamten Potential gemessen ist dies zum einen ziemlich wenig, und zweitens ist das, was wir suchen, nicht in diesem kleinen Teil zu finden. Das Alltagsbewußtsein zerlegt, analysiert, kontrolliert und kritisiert, ganz gleich, ob uns oder andere. Glück, Lebensfreude und Harmonie kennt es nicht, und wenn diese Zustände doch einmal bis zu ihm durchdringen, relativiert es sie sofort – *Im Moment läuft es vielleicht nicht schlecht, aber das wird*

Innerer Monolog – unser Alltagsbewußtsein

53

sich bestimmt bald wieder ändern. Das kann ja nicht lange gutgehen.

Unser Alltagsbewußtsein hindert uns so in zweierlei Hinsicht daran, glücklich zu sein und mit dem Leben zu fließen: durch die Qualität der Gedanken und durch ihre Quantität. Kurz gesagt, wir denken oft negativ, und die meisten von uns denken – schlicht und einfach – ununterbrochen.

Die Qualität der Gedanken

Sehen wir uns zuerst einmal das an, *was* wir denken. Hören Sie Ihrem inneren Dialog einfach mal eine Weile aufmerksam zu . . .

Sie werden vielleicht feststellen, daß ein großer Teil – bei den meisten Menschen sind es zwischen 70 und 80 % – *negativer* Natur ist. Das bedeutet, Sie machen sich Sorgen um die Zukunft, wiederholen Erlebnisse aus der Vergangenheit oder kritisieren sich oder andere. Und Sie halten das wahrscheinlich für völlig normal, denn die Welt ist ja nun mal so . . .

Das Reso-nanzprinzip – Gleiches zieht Gleiches an

Ist sie nicht! Wir machen sie dazu. Denken Sie bitte an das Resonanzprinzip: Wir stehen in einem ständigen Austausch mit unserer Umgebung und erschaffen mit dem, was wir von uns und unserem Leben denken, uns und unser Leben. Denn über unser Ch'i-Feld senden wir diese Energie nach außen, und dort zieht Gleiches Gleiches an: Blockaden ziehen Blockaden an, negative Gedanken ziehen andere negative Gedanken und Ereignisse an, und positive, liebevolle Gedanken ziehen Harmonie und Liebe an.

Das ist vielleicht erst einmal schwer zu glauben. Das würde ja bedeuten, daß wir zwar auf der einen Seite selbst für das verantwortlich sind, was in unserem Leben bisher nicht gut gelaufen ist, daß wir auf der anderen Seite aber auch das erschaffen können, was wir uns wirklich wünschen. Und ganz genau das bedeutet es auch. Die Ereignisse der Vergangenheit lassen sich nicht mehr ändern, aber die Gegenwart und die Zukunft liegt allein in Ihrer Hand. Sie sind für Ihre Zukunft verantwortlich und können weitgehend entscheiden, wie sie aussehen wird. Und Sie werden feststellen, daß sich nicht nur Ihre innere Einstellungen verändern, sondern tatsächlich Ihre Umwelt. Gedanken sind wie ein Fahrzeug: Wir können selbst entscheiden, wie schnell und wohin wir damit fahren.

Einen kleinen Einblick in das, was wir mit unseren Gedanken möglich machen können, gibt Ihnen die folgende Übung.

Stellen Sie sich bequem hin, und strecken Sie beide Arme mit den Handflächen nach unten etwa in Brusthöhe nach vorn. Drehen Sie dann den rechten Arm halbkreisförmig so weit nach hinten, wie Sie können, ohne dabei die Füße zu bewegen. Merken Sie sich den Punkt, und bringen Sie den rechten Arm wieder nach vorne. Der linke Arm bleibt die ganze Zeit gerade nach vorne gestreckt. Machen Sie diese Übung ein zweites Mal, und achten Sie darauf, bis zu welchem Punkt Sie diesmal kommen. Schließen Sie nun die Augen, und stellen Sie sich vor, wie Sie diese Übung ein drittes Mal machen, und malen Sie sich einen Punkt aus, der viel weiter entfernt liegt, als die, welche Sie die ersten beiden Male erreicht haben. Öffnen Sie nun die Augen, und wiederholen Sie die Übung ... Erstaunlich, nicht?

In den chinesischen Bewegungs- und Kampfkünsten wie Tai Ch'i, Qi Gong oder Gung (Kung) Fu ist dieser mentale Aspekt ganz wichtig: durch Bewegung, vor allem aber durch Konzentration und Vorstellungskraft werden Energieblockaden im Körper gelöst und die damit freiwerdende Energie in eine höhere Schwingungsebene versetzt. Dieses transformierte Ch'i kann dann bewußt in jede beliebige Stelle des Körpers gelenkt werden und führt zu den für Außenstehende oft verblüffenden Fähigkeiten der Praktizierenden.

Konzentration und Vorstellungskraft löst Ch'i-Blockaden

Um diese Kraft zu verstehen, wollen wir uns zunächst einmal mit der Funktion und Wirkungsweise unserer Gedanken beschäftigen: *Was denken wir von uns und unserem Leben? Wie entsteht dieses Selbst- und Weltbild? Was hat es für Auswirkungen?*

Denken Sie bitte einmal kurz über das nach, was Sie vom Leben generell denken. Ich weiß nicht, zu welchem Ergebnis Sie dabei kommen, aber für mich war das Leben früher bestenfalls unberechenbar, und Dinge waren nur dann etwas wert, wenn sie hart erarbeitet waren.

Haben Sie, in abgeschwächter Form vielleicht, einen dieser Glaubenssätze wiedererkannt? Da in unserer Gesellschaft, wie weiter oben ausgeführt, das Mangelbewußtsein vorherrscht, denken wir, daß alles rationiert ist, Liebe, Glück, Zuneigung, Geld, und wir versuchen müssen, ein Stück davon zu erwischen. Wenn wir es dann haben, halten wir es fest, versichern es

Wir leben in einer » Versicherungsgesellschaft«

gegen so viele Eventualitäten wie möglich (Feuer, Hagel, Blitz und Wasserrohrbruch) und leben in ständiger Angst, es wieder zu verlieren. Oft übernehmen wir diese Einstellung bereits sehr früh von unseren Eltern, die sie wiederum von ihren Eltern übernommen haben.

Das Mangelbewußtsein bestimmt aber nicht nur unser westliches Welt-, sondern auch unser Selbstbild. Irgendwann im Alter zwischen einem und zwei Jahren formt sich in uns ein Bild davon, wer oder was wir sind. Zum Teil sind es Erfahrungen, die wir selbst machen, das meiste übernehmen wir aber von unserer Umgebung, in erster Linie von unseren Eltern. Wir merken sehr schnell, daß es der Vergleich mit anderen ist, der uns und unsere Persönlichkeit definiert. Wir hören, daß unsere Schwester schneller laufen gelernt hat, unser Bruder viel braver ist als wir. Nun haben wir als Kind noch keine Möglichkeit, uns eine eigene Meinung zu bilden über das, was wir hören. Das heißt, wir übernehmen die mitgelieferte Interpretation und speichern sie ohne die Möglichkeit einer eigenen Bewertung in uns ab.

An der Bildung unseres Selbst- und Weltbildes ist aber noch ein zweiter Mechanismus beteiligt: Wir haben die Tendenz, uns positive Dinge weniger gut zu merken als negative! Auch wenn Sie lange Zeit gut mit Hunden ausgekommen sind, haben Sie, sobald Sie von einem gebissen worden sind, sicherlich erst einmal Angst vor Hunden. In unserer stammesgeschichtlichen Entwicklung hat dieser Mechanismus lange Zeit durchaus seinen Sinn gehabt – hatte man einmal Bekanntschaft mit einem Wolf gemacht, war es besser, in

Zukunft lieber einmal *zuviel* alles zu meiden, was wie ein Wolf aussah, als einmal zuwenig. Auch heute gibt es noch Situationen, in denen uns dieser Mechanismus hilft – dann, wenn uns eine tatsächliche Gefahr droht. Allerdings wenden wir ihn oft nicht nur auf diese Situationen an, sondern auf alles, was mit uns und unserem Leben zu tun hat, und befürchten lieber einmal zuviel das Schlimmste als einmal zuwenig. Das gilt für unsere Sicht von der Welt genauso wie für das, was wir von uns denken. Selbst wenn wir als Kind oft gelobt wurden, merken wir uns die viel selteneren kritischen Bemerkungen und entwickeln mit der Zeit daraus unser Selbstbild. Und das ist bei vielen von uns dann entsprechend negativ. Jede dieser Überzeugungen bildet eine Art Hindernis in unserem Ch'i-Feld und wird in der taoistischen Lehre – z. B. im *Ts'an T'ung Ch'i*[3] – mit einem unedlen Metall verglichen, das durch einen Transformationsprozeß in Gold umgewandelt werden kann. »Dieser Prozeß«, so schreibt Michael Page, »steht für die Umwandlung psychophysischer Elemente des Menschen von einem unreinen, eingeschränkten Zustand in einen reinen, freien Zustand, in dem positiv auf subtile Energie reagiert werden kann.[4]«

Negative Überzeugungen bilden eine Blockade im Ch'i-Feld

Wie sieht das Selbstbild aus, das Sie von sich haben? Wenn Sie möchten, können Sie dazu einen kleinen Test machen: Sagen Sie laut: »*Ich achte mich selbst.*«

Ich bin überzeugt, daß sich bei diesem Satz bei den meisten von Ihnen einiger innerer Widerstand geregt

---

3 John Blofeld: *Der Taoismus oder die Suche nach Unsterblichkeit*, München 1988, S. 306 ff.
4 Michael Page: *Die Kraft des Ch'i*, München 1995, S. 131.

hat. *Ich kann mich erst achten, wenn ich nicht mehr so dick bin, nicht mehr rauche, nicht mehr so ungerecht zu meinen Kindern bin oder mich im Beruf besser durchsetzen kann* . . . etc. etc.

Das klingt wie *Wenn du nicht aufhörst, mit den Füßen gegen den Vordersitz zu trommeln, hab ich dich nicht mehr lieb* oder wahlweise *dann kriegst du ein paar hinten drauf.* Und genau da kommt es her: Aus dem *Du sollst, du mußt, wenn du nicht* . . . wird im Lauf unserer Entwicklung *Ich soll, ich muß, wenn ich nicht* . . ., und von da an kritisieren wir uns selbst. Ebenso wie wir gelernt haben, unser Glück an äußere Bedingungen zu knüpfen, haben wir dann gelernt, Selbstachtung und Selbstliebe an innere zu knüpfen. Jetzt wäre es einfach zu sagen: »Aha, meine Eltern! Sie sind an allem schuld.« Schuld ist überhaupt niemand. Wir können nur das an andere weitergeben, was wir von unserer Umgebung gelernt haben. Und wenn wir keine Alternative zu dem haben, was uns vermittelt wurde, geben wir eben dieses weiter, so gut wir können. Als Kind hatten Sie keine Wahl. Jetzt aber sind Sie erwachsen. Sie können für sich entscheiden, was von dem Ihnen Vermittelten heute noch für Sie sinnvoll ist und was nicht. Sie selbst sind für Ihr Leben verantwortlich und nicht mehr Ihre Eltern oder wer auch immer Ihre Erziehung übernommen hatte.

Sie haben die Wahl

Noch einmal zusammengefaßt: Was wir denken, bestimmt unsere Einstellung zum Leben, unser Weltbild und vor allem unser Selbstbild. Das meiste davon haben wir früh von unserer Umgebung übernommen und im Lauf der Zeit – oft unbesehen – zu unserer eigenen Überzeugung gemacht.

Wir wissen also jetzt, *was* wir denken und woher diese Einstellungen und Konzepte stammen. Wie aber können unsere Gedanken unser Leben überhaupt beeinflussen?

Gedanken beeinflussen unser Leben

Jeder Gedanke ist Energie

Jeder Gedanke, egal, womit er sich beschäftigt, erzeugt einen schwachenergetischen elektromagnetischen Impuls. Das heißt, jeder Gedanke ist Energie oder Ch'i. Allerdings hat nicht jeder Gedanke die gleiche Frequenz: Diese hängt einerseits von der Intensität des Gedankens ab und andererseits von seinem Inhalt. Wut hat eine andere Frequenz als Freude, Liebe eine andere als Angst.

Nun hat natürlich ein Gedanke allein meistens noch nicht genügend Kraft, um unseren Ch'i-Haushalt und damit unser Leben zu beeinflussen. Sehen wir uns deshalb zuerst einmal an, wie aus dieser Gedankenenergie Muster, innere Einstellungen, Meinungen und Konzepte entstehen. Angenommen, wir hören als Kind beim Basteln den Satz: »*Gib her, das kann ich einfach nicht mit ansehen! Du hast wirklich zwei linke Hände.*« Nun gibt es für uns zwei Möglichkeiten. Entweder wir hören und vergessen diese Aussage gleich wieder, oder wir nehmen das Gesagte auf. Ob wir etwas aufnehmen oder nicht, hängt einerseits davon ab, in welcher psychischen Verfassung wir uns gerade befinden. Vielleicht haben Sie bei sich schon einmal beobachtet, daß der gleiche Satz sehr unterschiedliche Auswirkungen haben kann, je nachdem, ob Sie gerade z. B. nervlich angespannt sind oder nicht. Andererseits hängt unsere Aufnahmebereitschaft auch von der Häufigkeit ab, mit der wir etwas hören: Wenn wir nur einmal gesagt bekommen, daß wir ungeschickt sind, ist die Wahrscheinlichkeit nicht groß, daß wir diese Aussage wirklich aufnehmen. Hören wir sie allerdings öfter, dann nehmen wir den Inhalt auf, machen aus dem »Du« ein »Ich«, und das *Ich bin ungeschickt* wird zu einem Teil unseres Selbstbildes. Dieses Selbstbild kann zwar von unserem Alltagsbewußtsein abgerufen werden, gespeichert sind diese Informationen aber im Unterbewußtsein oder Nicht-Alltagsbewußtsein. Während in unserer westlichen Gesellschaft das Unterbewußtsein als eine Art psychischer Mülleimer, Verursacher schlechter Träume oder hirnloser Diener gilt, wird es in vielen östlichen Traditionen als *Höheres Selbst* oder *Höhere Intelligenz* bezeichnet. Diese Bezeichnung wird den großen Fähigkeiten des Nicht-Alltagsbewußtseins viel mehr gerecht, denn genau hier liegt, was wir suchen: unsere Verbindung mit dem TAO, Intuition, Lebensfreude, Weisheit und Glück.

Das Höhere Selbst – unsere Verbindung mit dem TAO

Aber sehen wir uns zuerst an, was mit einem Gedanken, den wir übernommen haben, geschieht. Bleiben wir bei dem Beispiel von vorhin: Angenommen, wir haben diesen Gedanken *Ich bin ungeschickt* aufgenommen. Nun wird er in seine Einzelteile zerlegt, also Basteln, Kritik, Mutter, Tonpapier, Kinderschere, Montag, Klebstoff, und unter dem Etikett *Ich bin ungeschickt und mache nichts richtig* gespeichert. All diese Komponenten bilden eine vernetzte Struktur, die mit dem entsprechenden Gefühl – hier dem der Minderwertigkeit – verbunden ist. Hat sich so eine Struktur einmal gebildet, reicht es aus, nur eine dieser Kom-

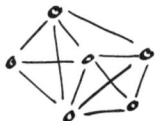

ponenten anzuwählen, um die gesamte Struktur zu aktivieren. In unserem Beispiel also etwa der Geruch von Klebstoff oder der Gedanke an die Mutter.

Diese Strukturen sind aber nicht nur untereinander, sondern auch mit anderen, ähnlichen Gedankenstrukturen vernetzt. Einer dieser Ansprungspunkte reicht damit aus, eine endlose Kette negativer Assoziationen – Gedanken und Gefühle – auszulösen. Also führt z. B. der Geruch eines bestimmten Klebstoffs bei uns zu sämtlichen anderen Bildern, Erinnerungen und Gefühlen der Struktur *Ich bin ungeschickt und mache nichts richtig.* Wenn unser Bewußtsein damit fertig ist, springt es zur nächsten ähnlichen Struktur – vielleicht der Komplex *Alles, was ich anfange, geht schief.* Mit diesem Mechanismus verbringt unser Alltagsbewußtsein seinen – und unseren – Tag und reiht damit eine Blockade in unserem Ch'i-Feld an die andere. Erschwerend kommt hinzu, daß im Laufe unseres Lebens – wenn wir damit nicht bewußt und gründlich Schluß machen – immer mehr solcher negativer Strukturen abgelegt und miteinander vernetzt werden. Das und die Tatsache, daß wir uns negative Erfahrungen besser merken als positive, führt zu einem Selbstbild, das mit der Zeit immer negativer wird.

Sie sehen also, daß ein solches Selbstbild eigentlich wenig mit dem zu tun hat, wer oder was wir *wirklich* sind. Der Mechanismus, der zu dem geführt hat, was Sie im Moment von sich glauben, ist eine Gewohnheit, und – hier die gute Nachricht: Wie jede Gewohnheit kann man ihn ablegen! Wenn Sie schon Erfahrung mit innerer Arbeit haben, wissen Sie ja, wie befreiend es ist, sich von alten Glaubenssätzen zu lösen und immer

Gedankenstrukturen sind untereinander vernetzt

Alte Glaubenssätze ablegen

mehr der Mensch zu werden, der Sie in Wirklichkeit sind. Wenn Sie noch keine Erfahrung mit dieser Art Arbeit an sich haben, ist es am besten, einfach alles loszulassen, was Sie von sich glauben! Sie werden feststellen, daß Sie schon viel mehr sind als das, was Sie durch ständiges Kritteln und Nörgeln an sich selbst jemals werden können! Sie sind absolut einmalig, und ohne Sie wäre die Welt nicht das, was sie jetzt ist.

Das, was Sie als Ihre Stärken und Schwächen kennen, engt Sie in Wirklichkeit ein und hindert Sie an Ihrer Entfaltung. Wozu z. B. sollte der Glaube *Ich bin ungeschickt und mache nichts richtig* nützlich sein? Er verunsichert Sie so, daß Sie tatsächlich Dinge, die Sie eigentlich gut können, nicht so gut machen. Dieser Glaube über uns selbst blockiert uns und unseren Energiefluß und beruht oft auf veralteten Situationen. So ist es doch nur normal, daß man im Alter von vier oder fünf Jahren nicht so geschickt mit der Schere umgehen kann wie ein Erwachsener. Also weg mit dieser alten, nicht mehr gültigen Überzeugung! Sie sind ein wunderbarer Mensch mit sehr vielen Fähigkeiten. Lassen Sie es nicht zu, daß veraltete Strukturen Sie weiter an Ihrer Entfaltung hindern!

Was Sie aktiv gegen diese einengenden Grundmuster und für ein wirkliches Vertrauen in sich selbst tun können, werde ich Ihnen noch ausführlich beschreiben. Bleiben wir zunächst bei der Frage, wie es möglich ist, daß unsere Gedanken nicht nur unsere innere Einstellung bestimmen, sondern tatsächlich unsere gesamte Lebenswelt erschaffen. Wie kann so etwas Flüchtiges Auswirkungen auf unsere Umwelt haben, die doch von uns scheinbar unabhängig existiert?

Unsere Gedanken erschaffen unser Leben

63

Erinnern Sie sich daran, daß ich weiter oben gesagt habe, daß jeder Gedanke Energie ist? Und daß das Unterbewußtsein ganz erstaunliche Fähigkeiten besitzt? Beides erschafft unsere Welt.

Alle Gedanken, die wir entweder sehr intensiv oder häufig denken, sinken nach etwa 21 Tagen aus dem Alltagsbewußtsein in das Unterbewußtsein. Hier sind sie unserem direkten, bewußten Zugriff entzogen und bilden die vernetzten Strukturen, die wir bereits kennengelernt haben. Waren wir also aufnahmebereit für *Ich bin ungeschickt* oder haben es häufiger gehört, sinkt es in unser Unterbewußtsein ab und bildet dort ein Grundmuster einer bestimmten Frequenz. In Zukunft wird dieses Muster jedesmal dann aktiviert, wenn wir eine ähnliche Erfahrung machen, uns also z. B. eine Tasse runterfällt oder uns eine der Komponenten des Musters, z. B. der Geruch des Klebstoffs, begegnet. Je öfter dieses Muster aktiviert wird, desto mehr prägt es sich in unser Unterbewußtsein ein.

Wie arbeitet unser Unterbewußtsein?

Nun hat unser Unterbewußtsein zwei Besonderheiten: Erstens versucht es immer, uns zu helfen, und zweitens funktioniert es völlig anders als unser Alltagsbewußtsein. Das Unterbewußtsein kann nicht zwischen einem Wunsch und einer Befürchtung unterscheiden. Es hält das, woran wir intensiv oder häufig denken, für unseren Wunsch und versucht alles, um uns diesen vermeintlichen Wunsch zu erfüllen. Nehmen wir einmal an, *Ich bin ungeschickt* ist ins Unterbewußtsein gesunken und einige Male durch ähnliche Situationen aktiviert worden. Nun glaubt unser Unterbewußtsein, daß das unser Wunsch ist, und versucht, ihn uns zu erfüllen. Zum einen dadurch, daß es unsere Erfahrungen aus der Außenwelt so filtert, daß nur noch solche aufgenommen werden, die zu diesem »Wunsch« passen, und zum anderen dadurch, daß es diese passenden Erfahrungen in der Außenwelt *anzieht*. Sie haben beide Phänomene sicher auch schon einmal bei sich selbst beobachtet: Auch wenn Sie, objektiv betrachtet, etwas sehr gut können und es Ihnen zehnmal gut gelingt, werden Sie, sofern Sie eine negative Grundüberzeugung in diesem Bereich haben, einen unbedeutenden Mißerfolg als Bestätigung für Ihren negativen Glauben über sich sehen. Angenommen, Sie kochen sehr gerne und gut. Zehn Gerichte werden überschwenglich von Ihrer Familie gelobt, eines mißlingt. Haben Sie einen positiven Glauben über Ihre Kochkünste, werden Sie diesen Mißerfolg als lehrreiche Ausnahme sehen und sich sagen, daß Sie das nächste Mal eben keinen Fenchel mehr mit Erdbeeren kombinieren. Wenn Sie dagegen im Grunde Ihres Unterbewußtseins der Überzeugung sind, *Du kannst nicht kochen*, werden Sie das mißlungene Essen als Bestätigung für diesen Glauben sehen und die anderen zehnmal als Ausnahme. Sie sehen also, daß negative – und natürlich positive – Grundmuster sich selbst bestätigen. Ähnlich einem Radio sind wir grundsätzlich in der Lage, sämtliche Frequenzen, die uns umgeben, zu empfangen und zu verstärken. Und genau wie beim Radio liegt es an uns, *auf welche Frequenz wir uns einstellen*!

Aber nicht nur das: Jeder Gedanke und jede Emotion ist ja Energie – Ch'i – einer bestimmten Frequenz, und je intensiver oder häufiger ich an etwas denke, desto mehr Energie bekommt dieser Gedanke. Sie wis-

Grundmuster bestätigen sich selbst

sen selbst, welche Kraft z. B. das Gefühl von Glück hat – alles in uns jubiliert, und wir könnten Bäume ausreißen. Die Energie, die ein Gedanke oder ein Gefühl hat, ist dabei aber nicht – wie man annehmen könnte – auf das Innere unseres Kopfes oder Körpers beschränkt, sondern wir senden sie durch unser Ch'i-Feld auch nach außen! Sie ist das, was wir als die Ausstrahlung oder Aura eines Menschen bezeichnen.

Jeder Gedanke und jede Emotion hat also Energie einer ganz spezifischen Frequenz, die wir pausenlos nach außen senden. In der Außenwelt verbindet sich diese Energie nun mit Energien ähnlicher Frequenz und kommt wie ein Bumerang verstärkt zu ihrem Ausgangspunkt – uns – zurück. Dies habe ich eingangs schon angedeutet. Das passiert oft nicht sofort, deshalb ist es zum Teil etwas schwierig, den Zusammenhang zwischen *Ursache* – meinem ausgesendeten Gedanken – und *Wirkung* – der Reaktion darauf von außen – zu erkennen. Wenn wir also etwa denken *Ich bin ein Pechvogel*, dann senden wir Energie einer entsprechenden Frequenz aus. Diese sucht sich andere, ähnliche Energien und kommt irgendwann zu uns zurück. Das heißt, daß wir Pech tatsächlich *anziehen*, und zwar auch in Situationen, auf die wir scheinbar keinen Einfluß haben. Sicher finden Sie einige Erfahrungen dazu in Ihrem Leben. Der Pessimist sagt dann: »Siehst du, ich hab's doch gleich gesagt . . .!«

Nun stellen Sie sich einmal vor, wie das mit glücklichen, liebevollen Gedanken wäre: Was wäre das für ein wundervolles Leben!

Sehen Sie nun, was für ein überaus mächtiges Instrument unsere Gedanken, unser Geist ist? Norman Vincent Peale, der Begründer des Positiven Denkens, hat einmal, frei nach Buddha, gesagt: »Verändern Sie Ihr Denken, und Sie verändern die Welt.« Wir können uns entscheiden, was wir jetzt und hier denken, und bestimmen so unsere Zukunft. Es liegt an uns, wie diese aussieht.

Unser Denken bestimmt unsere Zukunft

Machen Sie sich am besten über das, was Sie in der Vergangenheit vielleicht einmal hier und dort Negatives ausgesendet haben, keine Gedanken mehr. Zum einen machen ein paar einzelne Gedanken meiner Erfahrung nach nicht viel aus. Erst wenn Sie etwas mit sehr viel Gefühl oder sehr oft denken, hat es genug Energie, um tatsächlich »manifest« zu werden, spürbare Auswirkungen zu haben. Zum anderen ist eine positive Lebenseinstellung, die Sie Schritt für Schritt entwickeln, der beste Garant für eine von Ihnen wirklich gewünschte Zukunft.

Fassen wir noch einmal kurz zusammen: Gedankenmuster, negative wie positive, verstärken sich selbst. Zum einen dadurch, daß eigene Gedanken oder Erfahrungen aus der Außenwelt mit diesen Mustern verglichen werden und nur solche in unser Bewußtsein gelangen, die zu dem entsprechenden Muster passen. Zum anderen dadurch, daß diese Muster Energien nach außen senden, die sich mit ähnlichen Energien verbinden und dann als Erfahrungen zu uns zurückkommen. Wir können also nicht nur unsere innere Einstellung zu uns und unserem Leben ändern, sondern tatsächlich unser ganzes Leben!

Die Quantität der Gedanken

Im vorigen Kapitel haben wir gesehen, welchen großen Einfluß das, *was* wir denken, auf unser Leben hat. Es ist aber nicht nur die Qualität unserer Gedanken, die uns von uns und unserem Glück trennen kann, sondern auch ihre Quantität.

Kurz gesagt, wir denken ununterbrochen, Tag und Nacht. 24 Stunden lang laufen in unserem Kopf ein Fernseher, ein Radio, ein Videorecorder, ein CD-Player und ein Film – alles zur gleichen Zeit!

Um das zu testen, gibt es eine einfache Übung:

Setzen Sie sich ganz entspannt auf einen Stuhl, schließen Sie die Augen und machen einige tiefe, bewußte Atemzüge. Fangen Sie nun an, Ihre Atemzüge zu zählen, und zwar so, daß Sie beim ersten Ein- und Ausatmen »eins« denken, beim zweiten Ein- und Ausatmen »zwei« etc., bis Sie bei zehn angelangt sind und wieder vor vorne beginnen. Wenn Sie merken, daß Ihre Gedanken abschweifen, brechen Sie ab und fangen einfach wieder bei eins an.

Fertig? Sie haben wahrscheinlich bemerkt, wie schwer diese scheinbar einfache Übung in Wirklichkeit ist. Ohne eine gewisse Meditationspraxis kommen wir am Anfang meist nicht einmal über »drei« hinaus, bevor unser Alltagsbewußtsein anfängt sich zu langweilen und sich wieder einschaltet. Viele, die mit Meditation beginnen, sind anfangs schockiert von dem Lärm und

Chaos, die in ihrem Kopf herrschen, und glauben, beides wird von ihrer Übungspraxis verursacht. Dabei ist der Gedankenfluß ständig da, ob wir ihn nun bewußt wahrnehmen wie in der Meditation oder nicht. Ändern können wir aber nur das, was wir wahrnehmen und akzeptieren. Bewußtheit ist der erste Schritt zur Veränderung.

In unserem Kopf herrscht also ein ziemlicher Gedankenlärm, das haben wir nun festgestellt. Betrachten wir als nächstes, woher dieser unaufhörliche innere Monolog kommt und wie er uns daran hindert, die feinen, subtilen Informationen des Ch'i-Flusses in uns und unserer Umgebung wahrzunehmen – beides Voraussetzungen für die sinn- und wirkungsvolle Anwendung von Feng Shui.

Wie entsteht der innere Monolog?

Einer der Hauptverursacher unseres inneren Gedankenlärms ist die Reizüberflutung. Wir sind täglich vielen Reizen – Sinnesreizen, aber auch allem, was von außen an uns herangetragen wird und auf das wir reagieren müssen – ausgesetzt, von denen jeder, und sei er auch noch so unbedeutend, eine Kette von Assoziationen in uns auslöst. Obwohl wir uns bis zu einem gewissen Grad an diesen Reizpegel gewöhnt haben, reicht er aus, um uns in ständige Alarmbereitschaft zu versetzen. Das bedeutet, daß unser Körper permanent glaubt, wir seien in akuter Lebensgefahr und entsprechend von dem Normal- auf den Überlebensmodus schaltet. Dieser Modus fokussiert uns nur auf das, was zum direkten Überleben notwendig ist, und mobilisiert sämtliche Reserven. Bei tatsächlicher Lebensgefahr ist dies ein sehr vernünftiger Mechanismus, wird er jedoch permanent aktiviert, führt er zu dem, was

wir als Streß und schließlich als *burn-out* kennen, also zu einer totalen Erschöpfung, kombiniert mit seelischer, geistiger und emotionaler Verarmung.

Ein zweiter Faktor, der für den Gedankenlärm verantwortlich ist, ist die Tatsache, daß in unserer Gesellschaft intellektuelle Fähigkeiten sehr hoch geschätzt werden. Unser gesamtes Bildungssystem ist auf die kritische Analyse unserer Umwelt und auf intellektuelle Leistung angelegt. Analyse, lineares und abstraktes Denken, Logik und Kritik befinden sich bei den meisten Menschen auf der linken Gehirnhälfte. Menschen, die mehr mit der rechten Gehirnhälfte denken – hier sind Intuition, Körperwahrnehmung, Phantasie, die Wahrnehmung von Ch'i und ganzheitliches Denken angesiedelt –, werden im allgemeinen weniger gefördert. Kinder lernen sehr schnell, daß Intelligenz in diesem Sinne bedeutet, Dinge in ihre Einzelteile zerlegen und in eine Wenn-dann-Folge setzen zu können.

Ein weiterer Leitsatz unserer westlichen Gesellschaft heißt »Entweder-Oder«. Das Aufteilen von Phänomenen in einzelne Komponenten ist den östlichen Philosophien dagegen fremd. Sowohl der Taoismus als auch der Buddhismus betonen die Einheit, die Verbundenheit aller Dinge. Alles ist durch Ch'i miteinander verbunden und wandelt sich ständig. Interessanterweise ist es, wie bereits angedeutet, gerade die moderne Quantenphysik, die durch ihre Erkenntnisse diese ganzheitliche Sicht bestätigt. So ist z.B. Licht *sowohl* Welle *als auch* Teilchen, etwas, was bislang als völlig unmöglich galt. Im Anhang habe ich einige sehr interessante Bücher zu diesem Thema aufgelistet.

Aber noch einmal zurück zu der Frage, warum wir

Alles ist durch Ch'i miteinander verbunden

70

soviel denken. Außer der Reizüberflutung und der gesellschaftlichen Anerkennung gibt es noch einen weiteren Punkt: Gedanken bieten uns eine Fluchtmöglichkeit aus einer als langweilig oder feindlich empfundenen Welt. Nehmen wir dazu einfach zwei Beispiele: Erinnern Sie sich an die Zeit zurück, als Sie zwölf oder dreizehn Jahre alt waren und die Schule unerträglich langweilig fanden. Der Lehrstoff richtete sich nur an die linke Gehirnhälfte – und meist nicht einmal an die –, und oft fehlte jeder Bezug zur Praxis. Können Sie sich noch erinnern, was Sie in solchen Stunden gemacht haben? Sie sind aller Wahrscheinlichkeit nach in lebhafte Tagträume geflüchtet. Oder denken Sie an eine Tätigkeit, die Sie heute als gleichförmig und unangenehm empfinden. Was tun Sie beim Bügeln, Versenden von Massendrucksachen oder Abspülen? Sie flüchten vor dieser vielleicht als langweilig empfundenen Tätigkeit in Ihre Gedankenwelt . . . den nächsten Urlaub, die Fernsehsendung gestern abend oder das Gespräch mit dem Partner.

Gegen diesen Mechanismus ist eigentlich nichts einzuwenden. Im Gegenteil, es gibt Situationen, in denen er uns hilft, z. B. Schmerzen zu überstehen. Denn das, worauf wir uns konzentrieren, wird, zumindest erst einmal, größer und bekommt mehr Energie. Wenn wir uns mit angenehmen Gedanken ablenken, entziehen wir dem Schmerz Energie und damit einen Teil seiner Kraft. Leider haben wir uns diesen Mechanismus zum Teil so gründlich angewöhnt, daß wir uns damit nicht nur vor vermeintlich unangenehmen Erfahrungen, sondern oft auch vor angenehmen schützen. Aber genauso, wie wir uns diesen Mechanismus angewöhnt

Das, worauf wir uns konzentrieren, bekommt Energie

71

haben, können wir wieder lernen, das Leben jeden Augenblick in all seinen Facetten wirklich zu empfinden und intensiv zu leben – wie Kinder. Beobachten Sie einmal bei sich selber, wie lange Sie konzentriert und aufmerksam bei etwas bleiben können, das Sie wirklich gerne machen. Meist nur wenige Augenblicke. Dann schweifen Ihre Gedanken wieder ab, beschäftigen sich mit Ereignissen aus der Vergangenheit oder richten sich in die Zukunft. Wenn Sie sich z.B. ein leckeres Stück Kuchen gekauft haben, dann registrieren Sie vielleicht den ersten Bissen noch bewußt. Das restliche Stück bräuchten Sie dann eigentlich gar nicht mehr essen, weil Sie mit Ihrer Aufmerksamkeit schon wieder ganz woanders sind. Vielleicht haben Sie aber auch schon erlebt, wie intensiv und voller Leben eine an sich einfache Tätigkeit wie Zähneputzen sein kann, wenn Sie sich ihr mit Ihrer vollen Aufmerksamkeit widmen!

Sehen wir uns einmal an, wie dieser Mechanismus funktioniert und wie ein Übermaß an Gedanken uns an einem intensiven Er-Leben hindern kann:

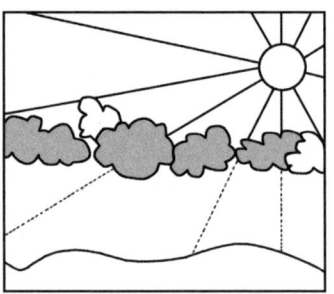

Impulse von außen
und innen

Alltagsbewußtsein/
Gedanken

Bewußtsein

Gedanken: »Wolken« in unserem Bewußtsein

Die Sonnenstrahlen stellen Impulse – Reize und Informationen – dar. Diese können zum einen aus der Außenwelt stammen. Von dort gelangen sie über unsere Sinne in das Gehirn und werden dort weiterverarbeitet. Zu diesen Informationen zählt z. B., ob in der Umgebung zuviel, zuwenig oder die falsche Art von Ch'i vorhanden ist. Zum anderen senden aber auch die Teile unseres Gehirns, die normalerweise kaum aktiviert werden – wir kennen diese Bereiche als *Innere Stimme* oder *Intuition* –, Impulse an unser Bewußtsein. So ein Impuls könnte etwa die Meldung unserer Nieren sein, daß zuwenig Flüssigkeit vorhanden ist, um die Giftstoffe auszuleiten, oder der Hinweis unserer Intuition, das anstehende Telefonat besser auf einen späteren Zeitpunkt zu verschieben. Die geschlossene Wolkendecke stellt unser Alltagsbewußtsein mit seiner ununterbrochenen Folge von Gedanken dar. Die Landschaft repräsentiert unser Bewußtsein, also das, was wir bewußt wahrnehmen.

Welche Auswirkungen hat nun die Wolkendecke auf uns und unser Leben?

Sie bewirkt zum einen, daß wir Impulse immer erst mit einer Zeitverzögerung wahrnehmen. Stellen wir uns einmal vor, wir sitzen im Park auf einer Bank. Plötzlich kommt ein Spatz angeflogen, stürzt sich auf ein am Boden liegendes Stück Croissant und ist blitzschnell damit wieder verschwunden. Obwohl wir vielleicht den Eindruck haben, diese Szene direkt erlebt zu haben, ist tatsächlich folgendes geschehen: Der Spatz fliegt an, und unsere Augen melden diesen Vorgang an unser Gehirn. Da die aktiven Teile unseres Gehirns mit dem Geplapper des Alltagsbewußtseins beschäftigt

Wir nehmen Impulse zeitverzögert wahr

sind, muß der Impuls erst einmal auf eine Lücke in der Gedankenkette warten. Erst dann kann der Impuls in unser Bewußtsein vordringen. Hier wird der Eindruck zunächst einmal analysiert, mit Bekanntem verglichen – *aha, ein Spatz* – und kommentiert – *wie süß* –, und wir reagieren nicht mehr auf den tatsächlichen Spatz, der schon wieder weggeflogen ist, sondern nur noch auf die Aufzeichnung des Vorgangs, die unser Gedächtnis angefertigt hat.

Und genauso ergeht es uns beim Betreten einer Wohnung, eines Hauses oder eines Geschäftes: Obwohl wir den momentanen energetischen Zustand sofort wahrnehmen, wird diese Information erst durch unser Alltagsbewußtsein gefiltert und oft, je nach unserer gedanklichen Beurteilung der Situation – *was für eine geschmackvolle Einrichtung!* –, verändert.

Um also Ch'i, ob unser eigenes oder das unserer augenblicklichen Umgebung, wahrnehmen und positiv beeinflussen zu können, ist es wichtig, genau das wieder zu lernen: uns nicht ständig von unseren Gedanken forttragen zu lassen, sondern uns bewußt und aufmerksam auf den subtilen Energiefluß zu konzentrieren. Denn genau hier, im jetzigen Augenblick, liegt das, was wir suchen. Hier sind wir lebendig und können – im wörtlichen Sinne – das Pulsieren des Lebens wahrnehmen!

Bewußte Konzentration auf den Ch'i-Fluß

Um zum einen den Gedanken eine neue, positive Richtung zu geben und sie zum anderen zu konzentrieren und zu beruhigen, gibt es zwei sehr wirkungsvolle Wege, die in den folgenden Kapiteln ausführlich beschrieben werden: *die bewußte Beschäftigung mit Gedanken* und *die Meditation*.

Wege zur Veränderung

Noch einmal kurz wiederholt: Unser Selbst- und Weltbild wird seit der frühen Kindheit von einem Vergleich mit anderen und durch die Übernahme von fremden Meinungen geprägt. Diese Vorstellungen werden in unserem Unterbewußtsein als Strukturen abgelegt und können vom Bewußtsein zwar abgerufen, aber nur sehr schwer verändert werden. Diese Grundmuster bilden energetische Blockaden in unserem Ch'i-Feld und wirken dadurch wie ein Filter, der nur die Erfahrungen aus der Umgebung aufnimmt und an das Bewußtsein weiterleitet, die zu diesen Mustern oder der Ch'i-Frequenz der Blockade passen. Wir nehmen dadurch nicht die Realität wahr, sondern ein relativ verzerrtes, verarmtes Abbild davon. Wir wissen wenig darüber, wie viele verschiedene Facetten wir haben und welche feinen Energieströme in uns und zwischen uns und unserer Umgebung fließen.

Wir haben gesehen, daß einerseits die Qualität unserer Gedanken und andererseits ihre Quantität diese Muster und Energieblockaden bilden. Deshalb gibt es zwei sehr wirkungsvolle Wege, um wieder in Kontakt mit uns selbst, unserer Intuition und inneren Weisheit zu kommen:

Der erste Weg ist der der *bewußten Beschäftigung mit unseren Gedanken.* Mit seiner Hilfe lassen sich die negativen Grundstrukturen, die unser Leben bestimmen und lenken, erkennen, lösen und durch positive ersetzen. Damit ändern wir die Schwingung oder Farbe unserer Energie. Diese veränderte Frequenz sorgt nicht nur dafür, daß wir ein positives Verhältnis zu uns selber entwickeln können, sondern unsere Ausstrahlung zieht – wie gesagt – auch die passenden Menschen und Ereignisse in der Außenwelt an. Wenn wir uns also eine liebevolle Partnerschaft wünschen, ist es notwendig, erst einmal Liebe zu uns selbst zu entwickeln. Je liebevoller unsere Haltung uns selbst gegenüber ist, desto mehr verändert sich auch unsere Beziehung zu anderen Menschen. Damit lösen wir Blockaden in unserem Ch'i-Feld, und positive Energie kann wieder frei in unserem Leben fließen.

Der zweite Weg ist der der *Meditation.* Indem wir lernen, unsere Gedanken zu beruhigen und loszulassen, können wir uns und unser Leben in all seinem Reichtum wieder wahrnehmen. Je mehr gedanklichen Ballast wir abwerfen, desto glücklicher und unbeschwerter werden wir, desto besser spüren wir die feinen Energieströme in uns und unserer Umwelt. Feng Shui – Inneres wie Äußeres – ist ja in seiner Essenz die Kunst, den subtilen Energiefluß in allem zu erkennen und je nach Bedarf zu unterstützen oder abzuschwächen und damit zu harmonisieren.

Während die meisten westlichen Traditionen, wie z. B. Autogenes Training, NLP oder Positives Denken,

Die bewußte Beschäftigung mit unseren Gedanken

Meditation – Gedanken beruhigen und loslassen

sehr viel mit Gedanken arbeiten, also eher den ersten Weg gehen, wird in vielen östlichen Traditionen, wie etwa dem Taoismus und dem Zen-Buddhismus, den Gedanken und dem Ego – also dem, was wir normalerweise als »ich« bezeichnen – weniger Beachtung geschenkt. Sie gelten eher als Hindernisse auf dem Weg zur Erleuchtung. Diese Traditionen gehen den zweiten Weg, also den des Loslassens, der Meditation.

Ich habe die Erfahrung gemacht, daß beide Wege wichtig sind. Es geht um die Harmonie von Körper, Seele und Geist, und wenn eines der drei verleugnet oder unterdrückt wird, können wir nicht vollständig werden. Gedanken gehören nun einmal zu uns, und es ist wichtig, mit ihnen und nicht gegen sie zu arbeiten. Zum einen haben – wie Sie inzwischen sicher festgestellt haben – unsere Gedanken eine unglaubliche Kraft, und es wäre schade, dieses Potential ungenutzt zu lassen. Zum anderen schaffen wir mit dem Erkennen und Lösen von negativen Strukturen und der Bildung von positiven erst Vertrauen zu uns und unserem Leben. Dieses Vertrauen ist notwendig, um loszulassen und das Leben in seiner ganzen Fülle wahrzunehmen.

Die bewußte Beschäftigung mit Gedanken – die Qualität der Gedanken verändern

Wie können wir also negative Grundstrukturen erkennen, lösen und durch positive ersetzen?

Der erste Schritt besteht darin, daß Sie über die verschiedenen Bereiche Ihres Lebens – Gesundheit,

Familie, Freundes- und Bekanntenkreis, Liebe und Partnerschaft, Beruf und Finanzen – nachdenken. Sie können dazu die folgende Checkliste zu Hilfe nehmen, in der verschiedene Aussagen dem jeweiligen Ba-Gua-Bereich zugeordnet sind. Es ist wichtig, daß wir den Mut haben, eine ehrliche Bestandsaufnahme unseres Lebens zu machen – denn nur was wir bewußt wahrnehmen, können wir ändern. Nehmen Sie sich also ein wenig Zeit für diese Checkliste.

Ba-Gua-Bereich		*Nein*	*Ja*
Karriere/ Lebensweg	Ich bin unzufrieden mit meinem Beruf/meiner Arbeitsstelle und denke häufig an einen Wechsel	❏	❏
	Vieles in meinem Leben scheint schwieriger zu werden oder zu stagnieren	❏	❏
	Ich weiß eigentlich kaum noch, was ich wirklich will	❏	❏
	Ich bin unzufrieden mit meinem Leben und habe das Gefühl, nicht am richtigen Platz zu sein	❏	❏
Partnerschaft	Ich bin unzufrieden mit meiner momentanen Partnerschaft	❏	❏
	Ich finde einfach keinen passenden Partner	❏	❏
	Mein Verhältnis zu Freunden, Nachbarn und Arbeitskollegen ist oft von Meinungsverschiedenheiten geprägt	❏	❏
	Ich finde es schwierig, dauerhafte Beziehungen einzugehen	❏	❏

Ba-Gua-Bereich		Nein	Ja
Familie	Ich habe/hatte ein problematisches Verhältnis zu meinen Eltern	❏	❏
	Ich habe zu meiner Familie nur sehr wenig Kontakt	❏	❏
	Ich habe das Gefühl, daß sich meine Familie zu sehr in mein Leben einmischt	❏	❏
	Mein Verhältnis zu Vorgesetzten und Autoritätspersonen ist oft schwierig	❏	❏
Wohlstand/Fülle	Ich bin oft unzufrieden mit dem, was ich habe, und beneide andere Menschen	❏	❏
	Ich kann schlecht mit Geld umgehen	❏	❏
	Das Leben scheint immer wieder unangenehme Überraschungen für mich bereitzuhalten	❏	❏
	Obwohl ich mich anstrenge, scheint mein Geld oft einfach wegzufließen	❏	❏
Tai Ch'i/ Gesundheit	Ich bin häufig krank	❏	❏
	Ich bin oft verwirrt und weiß nicht mehr, was ich gerade tun wollte	❏	❏
	Meine Energiereserven sind erschöpft, und ich fühle mich ausgelaugt	❏	❏

Ba-Gua-Bereich		Nein	Ja
	Ich bin häufig unruhig und nervös, ohne daß es dafür einen bestimmten Grund gibt	❑	❑
Freunde/ Mentoren	Ich hätte gerne mehr soziale Kontakte	❑	❑
	Mir fällt es schwer, andere Menschen um Hilfe zu bitten	❑	❑
	Selten fällt mir etwas zu, das meiste muß ich mir harterarbeiten – auch Freundschaften	❑	❑
	Ich fühle mich häufig ausgeschlossen und isoliert	❑	❑
Kinder/ Kreativität	Das Verhältnis zu meinen Kindern ist oft schwierig	❑	❑
	Ich finde zu Kindern keinen Kontakt	❑	❑
	In letzter Zeit fällt es mir schwer, neue Ideen und Projekte zu entwickeln	❑	❑
	Ich habe das Gefühl, daß mein Leben grau und eintönig geworden ist	❑	❑
Wissen	Ich weiß eigentlich gar nicht mehr, wer ich wirklich bin	❑	❑
	Neues aufzunehmen fällt mir schwer	❑	❑
	Ich entscheide Dinge hauptsächlich mit dem Verstand	❑	❑
	Ich bin oft unruhig, ohne genau zu wissen, warum	❑	❑

Ba-Gua-Bereich		Nein	Ja
Ruhm/Wirkung nach außen	Ich wirke nach außen anders, als ich wirklich bin	❏	❏
	Ich fühle mich oft abhängig von der Anerkennung anderer	❏	❏
	Ich habe Angst, andere durch meine Ehrlichkeit zu verletzen	❏	❏
	Ich habe bereits Erfahrungen mit Mobbing gemacht	❏	❏

Wenn Sie fertig sind, markieren Sie das Thema, bei dem Sie am häufigsten mit »Ja« geantwortet haben. Mit diesem Bereich werden wir als erstes arbeiten.

Nehmen wir beispielsweise an, Sie fühlen sich häufig einsam und möchten neue Freunde finden. Dieser Wunsch gehört zum Ba-Gua-Bereich Freunde/Mentoren.

Der zweite Schritt besteht nun darin, die diesem Verhalten zugrundeliegenden Strukturen zu erkennen. Denn erst, wenn wir sie bewußt erkennen und verstehen, verlieren sie an Kraft und können Platz machen für neue, positive Strukturen. Das ist auch der große Unterschied des hier beschriebenen Wegs zur Schule des Positiven Denkens. Sie können sich noch so sehr auf positive Aussagen wie *Ich kann alles* konzentrieren, solange in Ihrem Unterbewußtsein eine Struktur existiert, die *Ich bin ungeschickt und kann nichts richtig machen* sagt, wird es nicht oder nur mit großem Energieaufwand funktionieren. Wenn wir unsere Wohnung neu gestalten, ist es ja auch notwendig, zuerst einmal sauberzumachen und uns zu überlegen,

Zugrundeliegende Strukturen erkennen und verstehen

was von unseren alten Besitztümern wir behalten möchten und was nicht. Damit schaffen wir Platz für Neues.

Diese Beschäftigung mit uns selbst mag manchmal unangenehm und schmerzhaft sein, aber denken Sie daran: Nur wenn wir uns wirklich kennen, können wir unsere Fähigkeiten, Wünsche und Bedürfnisse verwirklichen. Und Sie werden sehen, daß der Weg zu sich selbst eines der größten und spannendsten Abenteuer Ihres Lebens ist. Wichtig ist, daß Sie sich dabei selbst soviel Geduld, Liebe und Verständnis wie möglich entgegenbringen. Seien Sie stolz auf sich, und loben Sie sich für jeden Fortschritt. Mit der Entscheidung, Ihr Leben selbst zu gestalten und Verantwortung dafür zu übernehmen, haben Sie einen ganz großen Schritt getan!

Vorlagen für Ihre Arbeit

Nehmen Sie sich nun im nächsten Schritt Ihre Liste zur Hand, und schreiben Sie auf ein Blatt das Thema, das Ihnen im Moment am wichtigsten ist. Sie können dafür die Vorlage aus dem Buch übernehmen (Blatt 1) oder sich eigene gestalten. Dort könnte jetzt zum Beispiel stehen *Ich fühle mich öfters einsam und möchte neue Freunde finden.*

Setzen Sie sich bequem hin, sorgen Sie dafür, daß Sie für etwa eine Viertelstunde nicht gestört werden, und schließen Sie die Augen. Machen Sie ein paar tiefe Atemzüge, und entspannen Sie sich . . . Gehen Sie jetzt mit Ihrer Vorstellung in die Zukunft, und stellen Sie sich vor, daß das, was Sie sich wünschen, bereits Wirklichkeit ist. Gehen Sie immer tiefer in dieses Bild hinein, und malen Sie es sich so lebhaft, phantasievoll und vollkommen aus, wie Sie können. Wie fühlen Sie sich, wenn Ihr Wunsch Wirklichkeit ist? Wie atmen Sie? Was für Farben, Gerüche und Geräusche gibt es? Was sagen Sie zu sich und zu den anderen? Stellen Sie sich z. B. vor, wie Sie in der Sonne sitzen, ganz viele Freunde um sich herum. Fühlen Sie, wie glücklich Sie sind, wie sicher und geborgen. Lächeln Sie sich und Ihren Freunden zu, und atmen Sie ganz tief ein. Vielleicht haben Sie Geburtstag, und Ihre Freunde haben eine Überraschungsparty für Sie veranstaltet. Stellen Sie sich vor, wie wunderbar das ist, daß alle gekommen sind, um mit Ihnen zusammen zu feiern und zu lachen. Schwelgen Sie so lange Sie möchten in dieser wunderbaren Vorstellung vollkommenen Glücks, lächeln Sie und lassen Sie die kritische Stimme Ihres Alltagsbewußtseins einfach beiseite ... Kommen Sie dann langsam wieder in das Hier und Jetzt zurück, und genießen Sie die Energie, die Ihre Vorstellung in Ihnen freigesetzt hat.

Wir haben damit einen ersten Kontakt mit unserem Unterbewußtsein aufgenommen und ihm gezeigt, was wir uns wünschen. Diese Wunschvorstellung ist notwendig, denn das Unterbewußtsein spricht eine ganz andere Sprache als unser Alltagsbewußtsein: Es reagiert nicht auf Worte oder Syntax, sondern auf Bilder, Vorstellungen, Gefühle und Symbole. Und es braucht ein klares Ziel davon, was Sie sich wirklich wünschen, um es auch verwirklichen zu können. Worauf unser Unterbewußtsein dagegen überhaupt nicht reagiert, sind Willenskraft, Zwang und Druck. Stellen Sie sich vor, Sie versuchen jemanden um etwas zu bitten, der Ihre Sprache nicht spricht. Sie können noch so laut schreien und Ihre gesamte Willenskraft aufbieten, er oder sie wird Sie trotzdem nicht verstehen. Wenn Sie dagegen freundlich lächeln und Ihrem Gegenüber das, was Sie möchten, aufmalen, klappt die Verständigung problemlos.

Nehmen Sie jetzt das Blatt, auf dem Ihr Wunsch steht *Ich möchte nicht mehr einsam sein und neue Freunde finden.* Ziehen Sie einen senkrechten Strich unter diesen Satz, und schreiben Sie auf die linke Seite *Was hindert mich im Moment daran?* und auf die rechte Seite *Was kann ich ändern, um dieses Ziel zu erreichen?* Schreiben Sie jetzt alles auf, was Ihnen zu diesen beiden Fragen einfällt, auch wenn es Ihnen vielleicht unwichtig oder albern vorkommt. Und bedanken Sie sich für jeden Hinweis – gerade die unangenehmen – bei Ihrem Unterbewußtsein, denn diese Öffnung ist ein großer Vertrauensbeweis.

In unserem Beispiel könnte auf der linken Seite stehen: *Keiner mag mich; Ich bin in Gesellschaft immer gehemmt und schüchtern; Ich komme mir dumm vor, wenn andere über etwas sprechen, von dem ich nicht viel weiß; Ich rufe viel öfter bei Leuten an als sie bei mir; Niemand kommt spontan bei mir vorbei; Gerade, wenn ich Freunde gefunden habe, ziehen sie weg.*

Auf der rechten Seite könnte stehen: *Ich könnte mehr auf andere Menschen zugehen und nicht immer erwarten, daß sie mich zuerst ansprechen; Ich könnte offener und herzlicher sein; Ich könnte darauf vertrauen, daß andere mich anrufen; Ich könnte Ver-*

trauen darin entwickeln, daß ich ein liebenswerter Mensch bin, den andere Menschen sehr schätzen; Ich könnte unabhängiger werden von der Wertschätzung anderer.

Die Aussagen der rechten Spalte bilden nun die Grundlage für unsere neuen positiven Strukturen. Übertragen Sie alle Aussagen auf die linke Seite eines neuen Blattes (Blatt 2), und verwandeln Sie jede in einen kurzen, positiv formulierten Satz in der Gegenwartsform, den Sie auf die rechte Seite schreiben. Aus *Ich könnte mehr auf andere Menschen zugehen und nicht immer erwarten, daß sie mich zuerst ansprechen* und *Ich könnte offener und herzlicher sein* wird dann z. B. *Ich gehe offen und herzlich auf andere Menschen zu.*

Positive Affirmationen formulieren

Bei der Formulierung dieser Sätze gibt es einige einfache Regeln, die man beachten sollte, da sie dazu beitragen, die Botschaft in die Sprache des Unterbewußtseins zu übersetzen. Zum einen sollten sie kurz und rhythmisch sein, denn dann können Sie und Ihr Unterbewußtsein sich die Sätze besser merken. Zum zweiten sollten sie möglichst positiv formuliert sein. Also statt *Ich habe keine Angst mehr* besser *Ich habe Vertrauen und Zuversicht.*

Das ist deshalb wichtig, weil das Unterbewußtsein eben keine Verneinungen kennt und bei diesem Satz nur *Ich* und *Angst* versteht und dann versucht, Ihnen diesen »Wunsch« zu erfüllen. Außerdem sind mit jedem für uns wichtigen Wort passende Gefühle und

Assoziationen verknüpft, die dann – trotz des Wortes *nicht* – jedesmal aktiviert werden. Und das wäre ja in diesem Fall nicht in unserem Sinne!

So wählen Sie besser positive Worte, die für Sie angenehme Assoziationen haben. Formulieren Sie die Sätze in der Gegenwartsform, also statt *Ich werde gesund werden* lieber *Ich bin gesund*, denn die Zeiten kann unser Unterbewußtsein sehr gut unterscheiden: Beim ersten Beispiel verlegt es unsere Heilung eben auf Dauer in die Zukunft – wo wir sie aber nicht erst haben wollen, sondern bereits jetzt, in der Gegenwart!

Arbeiten mit Zwischenstrukturen

In einigen Fällen ist es gut, etwas nicht *direkt* in sein positives Gegenteil umzuformulieren, sondern erst einmal mit »Zwischenstrukturen« zu arbeiten – was damit gemeint ist, will ich Ihnen gleich anschaulicher machen. Bei akuten Problemen, wie etwa Schmerzen, wäre die Formulierung *Ich bin schmerzfrei* oft nicht sinnvoll, da uns unsere direkte Erfahrung genau das Gegenteil sagt. In diesen Fällen können Sie entweder die im Autogenen Training häufig verwendete sogenannte »Indifferenzformel«, also *Schmerz, Lärm, Chef, Umgebung, Meinung anderer etc. völlig gleichgültig*, verwenden oder einen für das Unterbewußtsein verdaubaren Zwischenschritt wie z. B. *Die Kopfschmerzen werden jeden Tag besser* oder *Außengeräusche verstärken mehr und mehr meine Konzentration und Ruhe*. Besonders die Affirmationen, die mit Liebe und Achtung uns selbst gegenüber zu tun haben, sind am Anfang oft mit sehr vielen Widerständen belastet. Statt *Ich liebe und achte mich* können Sie hier etwa *Ich mag mich* oder *Meine Selbstachtung wächst von Tag zu Tag* verwenden. Wenn unser Unterbewußtsein diese Zwischenschritte akzeptiert und durch entsprechende Erfahrungen gefestigt hat, können Sie weitergehen.

Nehmen Sie sich für das Formulieren Ihrer positiven Grundstrukturen oder Affirmationen viel Zeit. Sie werden sehen, daß es, wenn man den Bogen einmal heraus hat, richtig Spaß macht und einem immer neue Sätze einfallen. Für den Fall, daß Ihnen das Formulieren trotzdem Schwierigkeiten bereitet, finden Sie im Anhang eine Liste mit Affirmationen für die verschiedenen Ba-Gua- und Lebensbereiche. Sie sind vielfach erprobt und sehr wirksam. Wandeln Sie sie einfach nach Ihren jeweiligen Bedürfnissen ab!

Nehmen Sie sich Zeit

Und noch ein wichtiger Hinweis: Diese Regeln – das Formulieren kurzer, einprägsamer positiver Sätze in der Gegenwart – sind lediglich als Hilfen gedacht. Achten Sie im Zweifelsfall immer auf Ihre innere Stimme, und wenn Sie bei dem Satz *Ich habe keine Angst mehr* ein gutes Gefühl haben, dann ist er auch gut für Sie.

Negative Grundstrukturen erkennen

Suchen Sie sich jetzt aus den positiven Affirmationen auf der rechten Seite von Blatt 2 diejenigen aus, die Sie im Moment am meisten ansprechen – am besten nicht mehr als drei oder vier. Schreiben Sie nun jede dieser Überzeugungen links oben auf ein neues Blatt (Beispiel: Blatt 3) und ziehen Sie dahinter einen senkrechten Strich. Lesen Sie die erste Aussage, und achten Sie darauf, welche Widerstände und negative Gedanken dabei in Ihnen hochkommen. Bei der Affirmation *Ich*

gehe offen und herzlich auf andere Menschen zu
könnte das z. B. sein *So ein Quatsch, eine Auster ist*
herzlicher als ich oder *Andere weisen mich bestimmt*
dann ab und wollen nichts mit mir zu tun haben.

Schreiben Sie auf die rechte Seite alles, was Ihnen zu
dieser Aussage an Erinnerungen, Bildern, Gedanken
und Assoziationen einfällt, und bedanken Sie sich für
jeden Impuls. Öffnen Sie sich Ihrem Unterbewußtsein.
Zeigen Sie ihm, daß Sie wirklich hören möchten, was
es Ihnen sagen will. Je mehr negative Strukturen, Gedanken und Impulse Ihnen bewußt werden, desto besser, denn nur was uns bewußt wird, können wir ändern. Und gerade wenn wir mit einem Lebensbereich
nicht zufrieden sind, heißt das, daß hier viele tiefsit-
zende negative Grundstrukturen sind, die diesen unbe-
friedigenden Zustand hervorrufen. Erst wenn wir
diese kennen und auflösen, können unsere neuen
Strukturen wirken.

Wenn Sie das Gefühl haben, daß irgendwann nichts
Neues mehr in Ihr Bewußtsein kommt, nehmen Sie
sich jeden Widerstand und negativen Impuls einzeln
vor und versuchen den tieferen Grund für diese Einstellung herauszufinden. Fragen Sie sich *Woher*
kommt das? Warum denke ich das? Warum fühle ich
so? Lassen Sie wieder alles hochkommen, auch wenn
es vielleicht für Sie nicht schmeichelhaft oder angenehm ist, und durchleben Sie die damit verbundenen
Gefühle aus der sicheren Position der Gegenwart. Es
ist wichtig, sich bewußtzumachen, daß jede dieser
Überzeugungen im Grunde versucht, uns zu helfen,
dabei aber auf Voraussetzungen beruht, die völlig ver-
altet und unserer jetzigen Lebenssituation nicht mehr

angemessen sind. So beruht die Überzeugung *Keiner mag mich* vielleicht auf einer Situation aus Ihrer Kindheit, in der Sie versucht haben, mit anderen Kindern Kontakt aufzunehmen, und diese Sie ignoriert haben. Als Erwachsene wissen wir, daß dies jedem Menschen ab und zu so geht und daß das oft gar nichts mit unserer Person zu tun hat. Als Kind haben wir kaum eine Möglichkeit, ein solches Erlebnis zu relativieren, und betrachten es daher als Reaktion auf unsere – anscheinend unzulängliche – Persönlichkeit. Im Laufe der Zeit hat diese Überzeugung versucht, uns vor weiteren Enttäuschungen zu bewahren, indem sie eine enge Kontaktaufnahme mit anderen, wenn auch nicht verhindert, so doch zumindest erschwert hat. Daß sie uns dadurch natürlich auch sehr viele positive Erfahrungen vorenthält, ist dieser Überzeugung, die noch aus einer frühkindlichen Logik resultiert und sich in unserem Unterbewußtsein verselbständigt hat, nicht klar. Gehen Sie also am besten mit einer positiven Einstellung an Ihre alten Gedankenstrukturen heran. Wenn Sie das Gefühl haben, daß Sie einen Widerstand ergründet haben, oder wenn Sie nicht mehr weiterkommen, wenden Sie sich dem nächsten zu.

Negative Grundstrukturen wollen uns helfen

Wenn Sie damit fertig sind, nehmen Sie sich ein neues Blatt (Blatt 4) und schreiben als Überschrift noch einmal Ihren Wunsch, also z. B. *Ich möchte nicht mehr einsam sein und neue Freunde finden.* Ziehen Sie darunter einen senkrechten Strich, und schreiben Sie auf die linke Seite *Ich bin es wert . . . (z. B. Freunde zu haben), Ich habe es verdient . . . (Freunde zu haben)* und *Ich gestatte es mir . . . (Freunde zu haben),* und achten Sie dabei auf Ihre Reaktionen. Ich bin fest davon überzeugt, daß sich in den meisten von Ihnen bei einem oder mehreren dieser Sätze vehementer Widerstand geregt hat. Genau hier liegt die Ursache für die meisten unserer Probleme: Wir sind tief im Innern davon überzeugt, Liebe, Gesundheit, Erfolg, Zuneigung und Glück nicht zu verdienen oder dessen nicht wert zu sein. Und solange diese Überzeugung in uns existiert, sabotiert sie viele positive Veränderungen, so sehr wir uns diese auch wünschen. Nehmen Sie sich hier besonders viel Zeit, um hinter die Ursachen eines solchen Glaubensmusters zu kommen, und schreiben Sie jeden Impuls auf der rechten Seite des Blattes auf. Auch hier ist es wichtig, alle Emotionen, die zu diesen Glaubenssätzen gehören, noch einmal bewußt zu durchleben, denn nur dann können wir sie wirklich heilen und loslassen.

Am Ende dieser Übung werden Sie schon wesentlich genauer wissen, wie die Grundstrukturen aussehen, die Ihr Leben in dem Bereich bestimmen, an dem Sie arbeiten möchten.

Mit positiven Grundstrukturen arbeiten

Schreiben Sie nun die drei oder vier positiven Affirmationen von Blatt 3, die Sie momentan am meisten ansprechen, auf ein neues Blatt (Blatt 5), und ergänzen Sie sie mit den Affirmationen *Ich bin es wert . . .*, *Ich verdiene es . . .* und *Ich gestatte es mir . . . .* von Blatt 4. Das sind unsere neuen Grundstrukturen. Um eine für das Unterbewußtsein verständliche Verbindung zwischen diesen Sätzen und den zugehörigen Inhalten zu schaffen, machen wir eine Übung, die Sie bereits aus dem Kapitel *Die bewußte Beschäftigung mit Gedanken – die Qualität unserer Gedanken verändern* kennen.

Setzen Sie sich bequem hin, sorgen Sie dafür, daß Sie für etwa 20 Minuten ungestört sind, und schließen Sie die Augen. Atmen Sie einige Male tief ein und aus, und stellen Sie sich beim Ausatmen vor, wie alles, was Sie beschäftigt und belastet, durch Ihre Füße aus Ihnen herausfließt. Entspannen Sie jeden Muskel in Ihrem Körper, und genießen Sie eine Weile dieses Gefühl ... Formulieren Sie jetzt im Geist Ihre erste Affirmation, z. B. Ich gehe offen und herzlich auf andere Menschen zu, *und stellen Sie sich dabei vor, wie Sie auf einer Feier oder im Urlaub offen und herzlich auf andere Menschen zugehen. Sehen Sie vor Ihrem geistigen Auge, wie die anderen sich darüber freuen und Sie der strahlende Mittelpunkt der Gesellschaft sind. Malen Sie sich diese Szenen so bildhaft und lebendig wie möglich aus, und fühlen Sie die Freude und Befreiung ... Machen Sie das mit jeder Affirmation, und versuchen Sie, soviel Gefühl, Freude und Energie wie möglich in die Worte und Bilder zu legen ... Wenn Sie fertig sind, genießen Sie noch eine Weile das Gefühl und kommen dann langsam wieder in das Hier und Jetzt zurück.*

Wir haben jetzt eine Verbindung hergestellt zwischen unseren Affirmationen und den Veränderungen, die wir uns wünschen. Nun kommt es darauf an, diese Grundstruktur möglichst oft zu aktivieren und zu stärken. Denn auf der anderen Seite existiert ja noch eine alte Grundstruktur, die vielleicht schon 20 oder 30 Jahre immer wieder aktiviert worden und entsprechend tief verankert ist. Um unsere neue Struktur zu festigen, ist deshalb eine gewisses Maß an Geduld und Ausdauer notwendig. Wissenschaftliche Untersuchungen haben gezeigt, daß Informationen mindestens 21 Tage brauchen, um vom Unterbewußtsein wirklich aufgenommen und als Struktur abgelegt zu werden. Bis Sie die ersten Veränderungen bemerken, kann es bis zu drei Monaten dauern. Das bedeutet, daß es keinen Sinn macht, vier Tage lang intensiv mit Ihren Affirmationen zu arbeiten und am fünften wieder damit aufzuhören, »weil sich irgendwie nichts tut«. Sie müssen mit jeder Affirmation vier bis sechs Wochen – am besten noch länger – arbeiten, um eine wirkliche Veränderung zu erreichen.

Geduld und Ausdauer sind wichtig

Noch einmal kurz zusammengefaßt, empfehle ich Ihnen folgenden Übungsablauf:

- Wählen Sie aus der Checkliste den Ba-Gua-Bereich, der für Sie im Moment am wichtigsten ist, und formulieren Sie einen Wunsch oder ein Ziel.
- Stellen Sie sich diesen Wunsch bildhaft so vor, als wäre er bereits Realität.
- Schreiben Sie ihn auf ein Blatt; ziehen Sie darunter einen senkrechten Strich, und schreiben Sie auf die linke Seite, was Sie alles an der Verwirklichung dieses Wunsches hindert, und auf die rechte Seite, was Sie dabei unterstützen würde (Blatt 1).
- Formulieren Sie mit Hilfe der Aussagen auf der rechten Seite positive Affirmationen (Blatt 2).

- Suchen Sie sich aus diesen Affirmationen drei oder vier heraus, die Sie am meisten ansprechen.
- Schreiben Sie jede dieser positiven Strukturen auf die linke Seite eines Blattes (Blatt 3).
- Achten Sie darauf, welche Widerstände Sie innerlich gegen diese positive Aussage haben, und schreiben Sie diese auf die rechte Seite des Blattes.
- Gehen Sie jedem Widerstand soweit wie möglich auf den Grund.
- Fügen Sie den positiven Affirmationen noch *Ich bin es wert...*, *Ich verdiene es...* und *Ich gestatte es mir...* hinzu, und achten Sie auf Ihre Reaktion (Blatt 4).
- Schreiben Sie die für Sie wichtigsten Affirmationen von Blatt 3 auf ein neues Blatt, und fügen Sie *Ich bin es wert...*, *Ich verdiene es...* und *Ich gestatte es mir...* hinzu (Blatt 5).
- Verbinden Sie Ihre Affirmationen mit einer möglichst bildhaften Vorstellung Ihres Wunsches.

Das sieht auf den ersten Blick vielleicht etwas kompliziert aus – aber wenn Sie es einmal ausprobiert haben, werden Sie sehen, daß das Prinzip ganz einfach ist! Und wirkungsvoll.

Nehmen Sie sich nun in den nächsten vier bis sechs Wochen täglich ein- bis zweimal zehn Minuten Zeit, um Ihre Affirmationen zu aktivieren. Den meisten gelingt es am besten, diese Übung morgens nach dem Aufwachen und abends vor dem Einschlafen in den Tagesablauf zu integrieren. Sie können im Sitzen oder Liegen üben, wobei beim Liegen die Gefahr einzuschlafen wesentlich größer ist.

Das Aktivieren von Affirmationen

Um die von Ihnen ausgewählten positiven Affirmationen zu aktivieren, hat sich folgende Übung bewährt:

Setzen oder legen Sie sich bequem hin, schließen Sie die Augen, und atmen Sie einige Male tief ein und aus ... Entspannen Sie den Körper, und achten Sie besonders auf Stellen, die schmerzen oder sich verspannt anfühlen ... Sagen Sie sich einige Male »Hier und Jetzt«, wobei Sie sich bei »Hier« auf den Ort konzentrieren, an dem Sie gerade sind, und bei »Jetzt« auf den gegenwärtigen Moment. Formulieren Sie dann Ihre erste Affirmation, und lassen Sie das entsprechende Bild dazu entstehen. Ob Sie sich zuerst intensiv auf eine Affirmation und dann auf die nächste oder mehrmals auf alle hintereinander konzentrieren, hängt ganz von Ihnen ab. Probieren Sie einfach beides aus, und entscheiden Sie dann, was Ihnen besser gefällt. Wenn Sie fertig sind, schließen Sie die Übung mit dem Satz »So sei es – so ist es« ab.

Es ist nicht notwendig, sich jeden Tag intensiv auf das Wunschbild zu konzentrieren, denn wir haben ja eine Verbindung zwischen den Worten und den dazugehörenden Vorstellungen geschaffen, die das Unterbewußtsein jetzt jedesmal automatisch aktiviert. Allerdings ist es gut, sich hin und wieder die Zeit zu nehmen, die Wunschvorstellung aufzufrischen und neue Energie hineinzugeben. Wenn Sie merken, daß Sie anfangen, Ihre Affirmationen »herunterzuleiern«, werden Sie kreativ und formulieren neue Sätze. Sie werden sehen, wieviel Spaß das macht und auf welche immer neuen Aspekte man dabei stößt.

Werden Sie kreativ!

Im Lauf der Zeit werden Sie merken, daß es nicht jeden Tag gleich gut klappt: Es gibt Tage, an denen wir uns kein Wort von dem glauben, was wir uns da vorsagen. *Das ist völlig normal* und bei jeder Meditationspraxis so. Machen Sie sich keine Gedanken darüber, und nehmen Sie es vor allem nicht als Anlaß, sich Vorwürfe zu machen oder frustriert aufzugeben. Seien Sie so geduldig und liebevoll mit sich wie möglich, und üben Sie einfach unbeirrt Ihre zehn Minuten. Denn jedesmal, wenn wir eine neue Struktur aktivieren – und sei es auch noch so halbherzig –, entziehen wir der alten Energie und stärken die neue. Sollten Sie an einem Tag wirklich aus irgendeinem Grund nicht zu Ihrer Meditationsübung kommen, machen Sie sich keine Sorgen, sondern fangen Sie am nächsten Tag einfach wieder damit an.

Parallel zu diesen festen Zeiten wäre es gut, jeweils bei Bedarf zu üben. Immer wenn Sie merken, daß Sie in Ihre alten Gedankenbahnen verfallen, atmen Sie tief ein und aus, lächeln und sagen sich innerlich *Aha, da ist ja mein ängstlicher, kritischer, wütender etc. Gedanke wieder!* Anstatt jetzt frustriert oder ärgerlich darüber zu sein, daß Sie diesen Gedanken hatten, loben Sie sich lieber dafür, daß Sie es bemerkt haben. Es ist ein ganz großer Fortschritt, Gedanken bewußt wahrzunehmen – denn erst das ermöglicht es uns, mit ihnen zu arbeiten.

Sie haben mit Ihrem *Aha* die Gedankenkette unterbrochen und damit Abstand zu den Gedanken bekommen. Jetzt geht es darum, diese alte Struktur eben durch eine neue zu ersetzen. Dafür können Sie entweder eine Ihrer Affirmationen verwenden oder Ihren gerade gedachten negativen Gedanken in sein Gegenteil verwandeln. Wenn Sie gerade gedacht haben *Alles, was ich anfange, geht schief; ich bin doch wirklich zu blöd* verwandeln Sie es beispielsweise in *Alles, was ich anfange, mache ich mit meiner ganzen Liebe und Aufmerksamkeit; ich habe Vertrauen zu mir und meinen Fähigkeiten.* Sie werden sehen, was für einen Unterschied das macht!

Wenden Sie diese Methode dann an, *wenn* Ihnen ein negativer Gedanke auffällt, und fangen Sie nicht an, sich und Ihre Gedanken ständig zu kontrollieren. Es geht nicht um Kontrolle, sondern um bewußte Wahrnehmung, und die kommt im Lauf der Praxis ganz ohne Zwang von selbst.

Nützliche Tips und Hinweise zur bewußten Beschäftigung mit Gedanken

Geduld ist wichtig

Bei der Arbeit mit positiven Strukturen und Gedanken ist es wichtig, daß Sie Geduld haben – Geduld mit sich und dem Prozeß der Veränderung. Neue Strukturen brauchen Zeit, um sich zu festigen, und alte brauchen Zeit, um sich aufzulösen. Es kann sein, daß eine positive Veränderung schon nach wenigen Tagen eintritt. Freuen Sie sich darüber, aber üben Sie trotzdem weiter.

In den meisten Fällen verändern sich Meinungen, Einstellungen und äußere Umstände allerdings erst nach und nach. Achten Sie auf jeden Wandel, auch wenn er Ihnen noch so klein erscheint, und seien Sie stolz auf sich. Genau wie beim Hausputz scheint das Ordnen, Aufräumen und Sortieren anfangs kaum eine Wirkung zu haben oder das Chaos sogar noch zu vergrößern. Doch mit der Zeit geht es immer schneller und einfacher, und wir erkennen, wie wichtig diese Arbeit war.

Es ist, besonders am Anfang der Praxis, anstrengend, aus unseren gewohnten Denkmustern auszubrechen und Gedanken bewußt wahrzunehmen. Darüber hinaus erfordert es ein gewisses Maß an Selbstdisziplin, sich an regelmäßige Übungszeiten zu halten. Wenn Sie beides als Anstrengung empfinden, denken Sie auf der einen Seite daran, was Sie dadurch gewinnen, übertreiben Sie es auf der anderen Seite aber auch nicht. Üben Sie immer so, daß Sie noch Spaß daran haben und es als Bereicherung empfinden. Es ist wichtig, daß Sie Ihren persönlichen Rhythmus und Ihren eigenen Weg finden.

Den eigenen Rhythmus finden

Manche Dinge ändern sich schneller; andere, besonders wenn es um Veränderungen im Außen geht, brauchen etwas länger – denn Sie müssen ja erst einmal in sich die Resonanz für das schaffen, was Sie anziehen möchten. Damit verändern Sie Ihre eigene Frequenz so, daß sich nach und nach auch die Frequenz Ihrer Umgebung ändert – wie Sie wissen, kommuniziert Ihr Ch'i-Feld ja mit anderen Feldern. Da die Natur immer versucht, ein Gleichgewicht herzustellen, entsteht dadurch, daß Sie Ihr Feld verändern, eine Art Ungleichgewicht oder Vakuum in Ihrem Umfeld. Dieses Ungleichgewicht sorgt dafür, daß sich die Felder Ihrer Umgebung nach einer Weile dem Ihren anpassen.

Ihr Ch'i-Feld kommuniziert mit Ihrer Umgebung

Angenommen, Sie möchten Ihr Verhältnis zu einem Arbeitskollegen oder Familienmitglied verbessern. Es macht wenig Sinn zu versuchen, ihn durch ständige Kritik ändern zu wollen, denn *Druck erzeugt immer Gegendruck.* Sie kennen dieses Phänomen sicher auch: Wir sind nicht in der Lage oder bereit, noch so vernünftige Ratschläge von Menschen anzunehmen, mit denen wir nicht im Reinen sind. Wenn Sie statt dessen *Ihre* Einstellung und damit *Ihre* Frequenz ändern, werden Sie sehen, wie sich das Verhältnis zwischen Ihnen und Ihrem Kollegen oder Angehörigen positiv verändert.

Sie werden wahrscheinlich feststellen, daß Sie trotz großer Fortschritte ab und zu wieder in Ihre alten Strukturen verfallen. *Das ist völlig normal!* Es zeigt Ihnen nur, wieviel Sie normalerweise schon erreicht haben. Üben Sie einfach weiter, und haben Sie Vertrauen in sich, dann werden diese Rückfälle immer seltener und hören schließlich ganz auf.

Dauerhafte Veränderungen brauchen Aufmerksamkeit

Arbeiten Sie jeweils nur an einem oder höchstens zwei Ba-Gua-Bereichen gleichzeitig. Ich weiß, wie groß die Versuchung ist, an so vielen Bereichen wie möglich zu arbeiten, sobald sich die ersten positiven Veränderungen einstellen. Widerstehen Sie der Versuchung, und bleiben Sie bei einem Thema. Erstens überfordern Sie sonst Ihr Unterbewußtsein, das dann irgendwann nicht mehr mag. Zweitens braucht jede neue Struktur Ihre ganze Aufmerksamkeit, um sich festigen zu können, und drittens sind die meisten negativen Strukturen in uns miteinander verbunden, so daß sich, wenn sich eine von ihnen ändert, automatisch auch die anderen mit verändern. Denken Sie immer daran, daß echte und dauerhafte Veränderungen Zeit, Geduld und Aufmerksamkeit brauchen. Fangen Sie mit einem Bereich an, bleiben Sie lange genug dabei, und Sie werden merken, wie der ganze Prozeß *für* Sie arbeitet.

In einigen Fällen kann es zu sogenannten »Heilreaktionen« kommen. Dies kann z. B. das verstärkte Aufkommen von Gefühlen wie Wut, Ärger oder Trauer sein. Im körperlichen Bereich können sich die Reaktionen durch eine kurzzeitige Verschlechterung von Befindlichkeitsstörungen oder Krankheiten bemerkbar machen. Wenn diese Probleme nicht über ein gewisses, für Sie vertretbares Maß hinausgehen, üben Sie einfach weiter. Sollten die Reaktionen zu stark sein, pausieren Sie für einige Zeit und fangen, nachdem die Beschwerden abgeklungen sind, mit einer reduzierten Übungspraxis wieder an. Reduziert heißt, daß Sie kürzer und mit weniger Affirmationen arbeiten. Insgesamt sind diese Heilreaktionen ein sehr gutes Zeichen, weil sie uns zeigen, daß die Strukturen, an denen wir arbeiten, in Bewegung gekommen sind und anfangen sich zu verändern.

Wenn Sie das Gefühl haben, daß sich bei Ihnen gar nichts tut, kann das mehrere Ursachen haben. Zum einen kann es sein, daß Sie noch nicht lange genug oder zu unregelmäßig üben. Zum anderen ist es möglich, daß Sie die kleinen Veränderungen, die sozusagen die Vorhut für den tiefgreifenden Wandel in einem Ba-Gua-Bereich bilden, nicht wahrnehmen, weil Sie etwas anderes, Größeres erwarten. Wenn Sie diese Hinweise beachten und regelmäßig üben, wird sich der Erfolg einstellen.

Meditation –
die Quantität der Gedanken verändern

Wir haben in den letzten Kapiteln gesehen, wie wir im Inneren Feng Shui die Frequenz unserer Gedanken und damit unsere Energie verändern können. Um bei dem Bild mit der Wolkendecke zu bleiben, sind damit aus vielen der dunklen Regenwolken helle Schönwetterwolken geworden. Nun geht es darum, die Wolken insgesamt weniger werden zu lassen, um die Sonne und den blauen Himmel – sprich uns, unsere Umgebung und die feinen Energieströme, die beides durchfließen – sehen und wieder bewußt wahrnehmen zu können.

Dieses Beruhigen unserer Gedanken ist der zweite wichtige Schritt auf dem Weg zu einem Leben in Freude und Harmonie. Denn in einem klaren Geist können positive Grundstrukturen viel intensiver und leichter wirken, weil sie sich nicht gegen buchstäblich Tausende anderer Informationen durchsetzen müssen. Zum anderem verbraucht jeder gedankliche Impuls, und sei er auch noch so flüchtig, Energie. Dadurch, daß wir unsere Gedanken beruhigen, haben wir wesentlich mehr Energie für unsere bewußt gedachten Gedanken, z. B. unsere Affirmationen, zur Verfügung.

Gedanken beruhigen, Abstand zu ihnen gewinnen, Gedanken loslassen, das alles klingt in der Theorie sehr einfach. Wie schwer es dagegen in der Praxis ist, erkennen wir vor allem dann, wenn uns etwas – ob nun ein aktuelles Problem oder eine lange zurückliegende Verletzung – immer wieder beschäftigt. Obwohl es uns unglücklich macht, müssen wir diese Gedanken immer und immer wieder denken, wie unter einem Zwang. Sie bilden eine Art Endlosschleife, auf die wir normalerweise wenig oder gar keinen Einfluß haben. Wie schön und im wahrsten Sinne des Wortes erleichternd wäre es, wenn wir diese Gedanken bewußt loslassen und unsere Gedankenenergie statt dessen *positiven Veränderungen* zuwenden könnten! Nun liegt in diesem Fall der Vorteil des Loslassens klar auf der Hand. Wie aber sieht es mit der Forderung, die Gedankentätigkeit allgemein zu reduzieren, aus? Können wir dann überhaupt noch in dieser Gesellschaft leben oder unseren Beruf ausüben? Existieren wir, wenn wir nicht denken, überhaupt noch?

Wir existieren nicht nur, sondern wir leben! Und dieses Leben ist wesentlich glücklicher, ausgefüllter und erfolgreicher als ein gedankenüberflutetes Leben es jemals sein könnte. Einen Grund dafür habe ich Ihnen oben schon genannt: In einem klaren Geist haben bewußte Gedanken eine viel größere Intensität und Kraft. Wir können mit ihnen unser Leben verändern.

Ein klarer Geist befreit!

Ein klarer, ruhiger Geist ermöglicht es uns aber auch, uns und unsere Welt wieder bewußt, also ohne den verzerrenden Filter unserer Meinungen, Einstellungen und Vorurteile, wahrzunehmen. Wir bekommen dadurch Zugang zu unserem eigentlichen, glücklichen Wesen und können unsere Einzigartigkeit und die jedes Augenblicks wieder wahrnehmen.

Damit fangen wir an, wirklich zu leben, und nur so können wir die normalerweise von den Gedanken überlagerte Stimme unserer Intuition, die uns mit dem

Intuition – die Verbindung mit dem TAO

TAO verbindet, hören und ihr folgen. Das TAO ist eine universelle Ordnung, ein kosmischer Tanz oder Rhythmus, dem alles folgt. Wir sind die einzige Spezies, die sich aus dieser natürlichen Ordnung verabschiedet hat. Überzeugt von unserer Allmacht, haben wir uns eigene Gesetze geschaffen und versuchen, die Natur dazu zu bringen, ihnen zu folgen. Und dann wundern wir uns, warum unsere Ordnung nicht funktioniert und oft nur unter großen Druck und mit Gewalt aufrechtzuerhalten ist! Wir heizen das Klima der Erde auf und sind dann erstaunt, wenn die Malediven durch das Abschmelzen der Polkappen und die Erhöhung des Meeresspiegels im Meer versinken. Benjamin Hoff, der Autor von *Tao Te Puh*, beschreibt das, frei nach Lao-tse, folgendermaßen:

»Diese Gesetze [das Tao] wirken sich nicht allein auf die Bahnen ferner Planeten aus, sondern auch auf das Treiben der Vögel im Wald und der Fische im Wasser. Je mehr der Mensch die durch allumfassende Gesetze geschaffene und gelenkte natürliche Ausgewogenheit verändert, in desto weitere Ferne entschwindet die Harmonie. Je mehr Druck, um so mehr Unannehmlichkeiten. Ob schwer oder leicht, naß oder trocken, langsam oder schnell, alles trägt seine eigene Natur bereits in sich, und Zuwiderhandeln verursacht Schwierigkeiten. Werden dem Ganzen von außen willkürlich abstrakte Gesetze übergeordnet, ist Kampf unvermeidlich.«
(Benjamin Hoff, *Tao Te Puh*,
Synthesis Verlag, 1984, S.17).

Ein natürliches Leben in Harmonie mit unserer Umwelt heißt dabei nicht, daß wir aussteigen und in einer Hütte am Strand von Neuguinea leben müssen. Etwas zur rechten Zeit am rechten Ort tun, sagen oder lassen – und nichts anderes ist Harmonie – funktioniert in einer Hütte in Neuguinea genauso wie in einer Geschäftsbesprechung in Bonn. Alles hat alle Informationen bereits in sich, und wenn wir in jedem Moment aufmerksam sind und nicht durch permanentes Denken abgelenkt, können wir immer richtig und der Situation angemessen reagieren.

Harmonie – etwas zur rechten Zeit am rechten Ort tun

Nehmen wir dazu einfach ein ganz profanes Beispiel: Nach einer unerfreulichen Begegnung mit verdorbenem Hackfleisch hatte ich es mir jahrelang zur Regel gemacht, sehr intensive Nachforschungen darüber anzustellen, wo und wann Hackfleisch gekauft worden war, ob die Kühlkette irgendwann unterbrochen oder es auch scharf genug angebraten war. Von der Analyse all dieser Faktoren hing es dann ab, ob ich das angebotene Hackfleisch verzehrte oder nicht. Oft zeigte sich allerdings im nachhinein, daß meine aufwendigen intellektuellen Schlußfolgerungen falsch waren. Mittlerweile *frage* ich es einfach. Das ist natürlich kein Fragen im üblichen Sinn, sondern eher eine bewußte, vorurteilsfreie »Beschäftigung« mit dem Fleisch. Wenn Sie sich für die Energien der Dinge und für Ihr eigenes tiefes Wissen öffnen, werden Sie feststellen, daß Sie alle Informationen, die Sie benötigen, auf diese einfache und direkte Art erhalten.

Haben Sie also den Mut, weniger zu denken. Sie werden sehen, daß Ihre Handlungen dadurch um vieles weiser und erfolgreicher werden, als sie es mit noch so angestrengtem Denken Ihrerseits jemals werden könnten.

Gedanken beruhigen und . . . loslassen

Welche Vorteile es hat, unsere Gedanken zu beruhigen und loszulassen, haben wir im vergangenen Kapitel gesehen. Wie aber funktioniert das nun konkret?

Es gibt einen *indirekten* und einen *direkten* Weg. Bei dem indirekten Weg lernen wir zunächst, unseren Geist auf eine Sache – z. B. ein Wort oder eine Tätigkeit – zu konzentrieren. Durch regelmäßiges Üben beruhigen sich mit der Zeit unsere Gedanken, und wir können einzelne Gedanken wieder wahrnehmen.

Beim direkten Weg streben wir an, einzelne Gedanken wahrzunehmen und bewußt loszulassen. Sie haben sicher auch schon einmal versucht, sich an einen bestimmten Namen zu erinnern – wir können uns noch so sehr bemühen, er fällt uns einfach nicht ein. Bis wir irgendwann entnervt aufgeben und uns wieder anderen Dingen zuwenden. In diesem Moment haben wir losgelassen. Und Sie wissen aus Erfahrung auch, was dann passiert: Wenn Sie überhaupt nicht mehr daran denken, fällt Ihnen der Name plötzlich, ohne Anstrengung und Mühe, wieder ein. Denn je mehr Druck wir ausüben, desto größer wird der Gegendruck – unser Geist wird sozusagen bockig. Erst wenn wir loslassen, kann unsere Energie wieder frei fließen, und alles gelingt natürlich und mühelos. Dies gilt natürlich auch für unsere positiven Grundstrukturen, und deshalb arbeiten wir nicht mit Druck, sondern mit Freude und Imaginationskraft.

Beide Wege können Sie parallel anwenden; meistens ist es allerdings so, daß einer von beiden uns leichter fällt bzw. mehr anspricht. Genau wie bei den Affirmationen ist es wichtig, regelmäßig – ob nun zu festen Zeiten oder bei Bedarf im Alltag – zu üben. Irgendwann merken wir dann, daß wir nicht unsere Gedanken *sind*, sondern Gedanken *haben*. Wir sind nicht mehr unseren Gedanken ausgeliefert, sondern können uns bewußt entscheiden, was wir denken, und unser Leben damit gestalten.

Der indirekte Weg – Gedanken konzentrieren

Wenn wir lernen, unsere Gedanken zu beruhigen, bedeutet das gleichzeitig, daß wir die feinen Energieströme in uns wieder wahrnehmen können. Dies wiederum ist die Voraussetzung dafür, daß wir die verschiedenen Energien und ihren Fluß auch in der Außenwelt sehen und beeinflussen können.

In den meisten östlichen Traditionen wird die Konzentration auf ein inneres oder äußeres Bild, ein Mantra oder den Atem verwendet, um das Denken zu beruhigen. Ich habe hier zwei dieser Möglichkeiten ausgewählt, die sich auch für Menschen aus dem westlichen Kulturkreis sehr bewährt haben: zum einen die *Atembeobachtung* und zum anderen die *Mantra-Meditation*.

Atembeobachtung und Mantra-Meditation

Für beide benötigen Sie pro Tag zu Beginn etwa zehn Minuten. Später, wenn Sie etwas geübter sind, können Sie diese Zeit auf zwanzig Minuten oder länger ausdehnen. Probieren Sie am besten beide einmal aus, und entscheiden Sie sich dann für eine Methode.

Besonders am Anfang ist es wichtig, nicht ständig zwischen den Methoden hin und her zu wechseln. Ich weiß, daß gerade in Phasen, in denen wir das Gefühl haben, keine Fortschritte mehr zu machen, die Versuchung besonders groß ist. Widerstehen Sie ihr, denn erstens treten diese Phasen bei jeder Methode über kurz oder lang auf und zweitens lernen wir in diesen Phasen am meisten.

Einen der beiden Wege, Gedanken zu beruhigen, haben wir bereits kennengelernt: die *Atembeobachtung*. Bei der Atembeobachtung oder dem Atemzählen wählen wir unseren Atem als Konzentrationspunkt.

Sorgen Sie dafür, daß Sie in der nächsten Viertelstunde ungestört sind, setzen oder legen Sie sich bequem hin, und achten Sie darauf, daß Sie frei und unbehindert atmen können. Wenn Sie im Sitzen üben, stellen Sie beide Füße etwa schulterbreit voneinander entfernt fest auf den Boden, und richten Sie Ihre Wirbelsäule auf. Das ist besonders am Anfang etwas anstrengend, aber Ch'i fließt zum großen Teil in und entlang der Wirbelsäule. Je gerader sie ist, desto freier und müheloser ist der Ch'i-Fluß. Atmen Sie einige Male tief ein und aus, ziehen Sie Ihre Aufmerksamkeit vom Alltagsgeschehen ab, und richten Sie sie auf das Hier und Jetzt . . . Fühlen Sie die Unterlage, auf der Sie sitzen oder liegen, und versuchen Sie sich selbst wahrzunehmen. Wenn irgendwo in Ihrem Körper Verspannungen oder Schmerzen sind, entspannen und lockern Sie den Bereich, indem Sie ihn zuerst vorsichtig anspannen und dann bewußt loslassen . . . Sagen Sie Ihren Ge-

danken, daß Sie jetzt zehn Minuten meditieren möchten und daß Sie sich nachher wieder mit ihnen beschäftigen. Konzentrieren Sie sich jetzt auf Ihren Atem. Folgen Sie ihm auf seinem Weg durch den Körper, und suchen Sie sich dann einen festen Punkt, bei dem Sie mit Ihrer Aufmerksamkeit bleiben. Das kann entweder dort sein, wo der Atem in den Körper fließt – also die Nasenspitze –, oder der untere Bereich des Bauches. Nachdem Sie einige Atemzüge lang beobachtet haben, wie ein kühler Luftzug beim Einatmen und ein warmer beim Ausatmen durch die Nase fließt bzw. der Bauch sich hebt und senkt, fangen Sie an, Ihre Atemzüge zu zählen. Denken Sie beim ersten Einatmen »eins«, beim ersten Ausatmen »eins«, beim zweiten Einatmen »zwei«, beim zweiten Ausatmen »zwei« usw. Wenn Sie bei »zehn« angelangt sind, fangen Sie wieder von vorne an. Jedesmal, wenn Sie merken, daß Ihre Gedanken abgeschweift sind und Sie nur noch automatisch weiterzählen, gehen Sie wieder zu »eins« zurück.

Das Wichtige bei dieser Übung ist nicht, wie weit wir beim Zählen kommen, sondern daß wir *bemerken*, daß wir abgeschweift sind. Das bedeutet nämlich, daß wir in der Lage sind, unsere Gedanken mit einem gewissen Abstand zu beobachten und selbst zu entscheiden, ob wir sie denken möchten oder nicht. Sie werden im Laufe der Übung merken, daß die Gedanken alle möglichen Tricks anwenden, um Sie und Ihre Aufmerksamkeit abzulenken. Zuerst versuchen sie es mit Selbstkritik: *Ich mache bestimmt irgend etwas falsch*; *Das klappt bei mir doch nie*; *Andere bleiben bestimmt nicht schon bei eins hängen, ich bin sogar zum Zählen zu doof.* Wenn das nicht klappt und Sie trotzdem unbeirrt Ihre Aufmerksamkeit immer wieder zu Ihrem Atem zurückbringen, versuchen es die Gedanken mit Schrecken. Das sind vor allem Gedanken aus der Kategorie *Oh Gott, ich muß noch . . . Ich darf auf keinen Fall vergessen . . . Was wird nur, wenn . . .*, die oft mit einem Adrenalinstoß verbunden sind. Lassen Sie sich auch davon nicht beirren, dann probieren es die Gedanken mit Schmeicheleien und Überredung. Sie bieten Ihnen verlockende Bilder vom letzten Urlaub an oder versuchen Sie mit Visionen von dem leckeren Pudding im Kühlschrank zum Aufstehen zu bewegen. Wenn auch das nicht klappt, wird das stärkste Geschütz aufgefahren, das unsere Gedanken zu bieten haben: Sex. Wenn Sie sich auch davon nicht ablenken lassen, akzeptieren die Gedanken es meistens – und beruhigen sich.

Bleiben Sie immer freundlich und geduldig Ihren Gedanken und sich selbst gegenüber, und sagen Sie sich, daß Sie all diese Gedanken gerne in zehn Minuten wieder denken werden, sich im Moment aber lieber auf Ihren Atem konzentrieren möchten. Unsere Gedanken sind ein bißchen wie Kinder, die sich langweilen, wenn sie nicht beachtet werden. Sie versuchen dann alles, um unsere Aufmerksamkeit zu erringen. Erst wenn wir ihnen freundlich, aber bestimmt klarmachen, daß wir im Moment etwas anderes tun möchten, beschäftigen sie sich mit sich selbst.

Zwei Dinge sind beim Atemzählen wichtig: Zum einen achten Sie darauf, daß Sie Ihren Atem nicht kontrollieren oder verändern, sondern wirklich nur beobachten. Das ist, besonders am Anfang, für viele schwierig, weil wir es nicht gewöhnt sind, Vertrauen in uns und unseren Körper zu haben. Dabei kann unser Körper ohne die Einmischung unseres Geistes viel besser arbeiten und sein natürliches Gleichgewicht wieder herstellen.

Vertrauen in unseren Körper

Der andere wichtige Punkt ist, daß Sie während der Meditation nichts erwarten. Gerade am Anfang werden Sie sehr wahrscheinlich das Gefühl haben, daß überhaupt nichts passiert. Vielleicht finden Sie es langweilig oder eintönig, Ihre Gedanken immer wieder zurückzuholen und Ihre Aufmerksamkeit auf den Atem zu richten. Das ist völlig normal und kein Zeichen dafür, daß Sie etwas falsch machen oder diese Methode bei Ihnen nicht wirkt. Auf der einen Seite tut sich auf der nicht-bewußten Ebene sehr viel, und Sie werden diese Auswirkungen nach und nach in Ihrem Leben spüren. Auf der anderen Seite brauchen wir eine gewisse Zeit, um uns an diesen neuen Zustand zu gewöhnen und ihn wahrzunehmen. Stellen Sie sich vor, Sie springen zum ersten Mal mit dem Fallschirm. Von dem freien Fall werden Sie dabei nicht viel mitbekommen, erstens weil er am Anfang sehr kurz ist, und zweitens weil Sie so mit der für Sie neuen Technik beschäftigt sind. Das wird beim zweiten oder dritten Sprung wahrscheinlich auch noch so sein. Erst wenn Sie mit der Technik soweit vertraut sind, daß alles ganz automatisch geht, werden Sie anfangen können, sich auf den Flug selber zu konzentrieren und ihn zu genießen. Bei der Meditation ist es sehr ähnlich: Es dauert eine Weile, bis wir uns nicht mehr in erster Linie auf die Technik konzentrieren müssen und die Freude, Klarheit und den inneren Frieden, die sich immer mehr einstellen, wahrnehmen und genießen können.

Sollte bei Ihnen zu viel passieren, machen Sie sich auch darüber keine Gedanken. Es kann sein, daß sich am Anfang ungewöhnliche körperliche oder geistige Wahrnehmungen einstellen. Auf der körperlichen Ebene kann das z. B. Kribbeln, das Gefühl von Wärme, Kälte, Schwere oder Leichtigkeit sein. Auf geistiger Ebene kann das die Wahrnehmung von Farben, Licht oder Ähnlichem sein. Es gibt eine Geschichte aus dem Zen, in der ein Schüler ganz aufgeregt zu seinem Meister gerannt kommt und sagt: »Meister, Meister, mir ist Buddha erschienen.« Darauf beruhigt ihn der Meister: »Meditiere nur weiter, dann wird er schon wieder verschwinden.« Alles, was Sie in der Meditation sehen, fühlen oder erleben, kommt aus Ihnen. Sollten diese Phänomene Sie allerdings sehr beunruhigen oder beeinträchtigen, ist es besser, für eine Weile mit der Meditation aufzuhören und sich Rat bei einem erfahrenen Meditationsmeister oder -lehrer zu holen.

Die zweite Technik ist die sogenannte Mantra-Meditation. Hier konzentrieren wir uns auf ein bestimmtes Wort. Das kann jedes beliebige ein- oder zweisilbige Wort sein. Das bekannteste Beispiel ist *Om*. Das Mantra stammt aus dem Sanskrit und ist der Beginn des wohl bekanntesten Mantras *Om mani padme hum* – übersetzt: »Heil dem Juwel im Lotos«. Sie können aber auch ein eigenes Mantra kreieren oder Worte wie *Liebe* und *Friede* verwenden. Ein Mantra braucht keine Bedeutung zu haben, deshalb ist eigentlich nur wichtig, daß es einen für Sie angenehmen Klang hat.

Kreieren Sie Ihr eigenes Mantra

Die Vorgehensweise bei der Mantra-Meditation entspricht der beim Atemzählen. Nur konzentrieren wir uns jetzt statt auf unseren Atem auf das Mantra. Sie können es sich am Anfang einige Male laut vorsagen, um sich an den Klang zu gewöhnen. In der Meditation selbst denken wir das Wort nur noch – bei einsilbigen Wörtern bei jedem Ein- und Ausatmen, bei zweisilbigen Mantren die erste Silbe beim Ein- und die zweite Silbe beim Ausatmen.

Auch hier kommt es darauf an zu bemerken, wann wir mit unserer Aufmerksamkeit abgeschweift sind, und diese dann geduldig und mit einem Lächeln zurück zu unserem Mantra zu bringen.

Um zu wissen, wann die Meditationszeit um ist, können Sie entweder einen kleinen Wecker mit einem angenehmen Klang verwenden oder Sie gehen nach Ihrem Gefühl. Machen Sie dann einige tiefe Atemzüge, bewegen Finger und Zehen und öffnen langsam die Augen.

Wenden Sie eine der beiden Meditationen mindestens vier Wochen einmal täglich zehn bis fünfzehn Minuten an, und achten Sie auf die Veränderungen, die sich in Ihrem Leben einstellen.

Der direkte Weg –
loslassen und im Hier und Jetzt leben

Neben dem indirekten Weg, bei dem wir uns auf den Atem oder ein Mantra konzentrieren, gibt es auch den direkten Weg. Er besteht aus zwei verschiedenen Vorgängen: Zum einen lassen wir bewußt unsere Gedanken los, zum anderen versuchen wir, den gegenwärtigen Moment mit all seinen subtilen Ch'i-Strömen so wahrzunehmen, wie er ist.

Beschäftigen wir uns zuerst einmal mit dem *Loslassen von Gedanken.* Mit Gedanken ist hier nicht nur die leichte Konversation unseres Alltagsbewußtseins gemeint, sondern all unsere Meinungen, Einstellungen und Konzepte. In meinen Kursen habe ich immer wieder die Erfahrung gemacht, daß Teilnehmer Angst davor haben, ihre Konzepte und Vorstellungen von Dingen loszulassen. Sie befürchten, daß damit ihre Welt im Chaos versinkt und sie keinen Bezugspunkt, keine Sicherheit mehr haben. Als ich das erste Mal versuchte, bewußt die gedankliche Kontrolle über mich und meine Welt loszulassen, war ich fest davon überzeugt, ich würde nach diesem Experiment nur noch ein hirnloses Häuflein sein . . . Und was wäre, wenn ich danach überhaupt nicht mehr denken könnte, es einfach verlernt hätte und aus diesem Zustand des Nicht-Denkens und -Kontrollierens nicht mehr zurückkehren könnte?

Loslassen von Gedanken

Seien Sie unbesorgt! Wir können immer in unseren normalen, denkenden Zustand zurückkehren und tun es auch ganz automatisch. Im Gegenteil: Wir müssen uns gerade am Anfang anstrengen, das Nicht-Denken zu erreichen und es für Sekundenbruchteile – mehr ist es zu Beginn nicht – zu halten.

Wie funktioniert nun dieses bewußte Loslassen von Gedanken? Angenommen, Ihnen wird bewußt, daß Sie gerade an eine Fernsehsendung denken, die Sie gestern Abend gesehen haben. Wenn Sie noch nicht so geübt sind, gibt es eine bewährte Methode: Denken Sie *Nö, jetzt nicht,* entspannen Sie Ihre Stirn, hängen Sie innerlich einen Luftballon an den Gedanken, und lassen Sie ihn los. Wenden Sie sich dann bewußt Ihrer Umgebung zu, also z. B. dem Raum, in dem Sie sich gerade befinden, oder bestimmten Gegenständen in Ihrer Nähe. Je öfter Sie das praktizieren, desto besser wird Ihnen das Loslassen gelingen.

Üben Sie am Anfang am besten mit Gedanken, die für Sie keine große Bedeutung haben und die Sie deshalb leicht loslassen können. Nach und nach können Sie diese Methode dann bei problematischeren Gedanken, bei Meinungen und Konzepten anwenden. Sie werden sehen, was es für eine Befreiung bedeutet, alte *Loslassen* Vorstellungen loszulassen, und sich anzusehen, wie die *bedeutet* Dinge wirklich sind! Alles hat die Informationen, die *Befreiung* wir brauchen, bereits in sich. Mir fällt dabei immer wieder auf, wie befangen und eingeengt wir sind und wie wenig wir mit unseren Konzepten der Wirklichkeit gerecht werden. Ich selbst erlebe diesen Vorgang des Loslassens wie das Auftauchen aus dem trüben Wasser meiner Gedanken: Sobald ich die Wasseroberfläche erreicht habe, kann ich plötzlich wieder frei atmen und sehe die Sonne. Alles ist ganz klar, farbenfroh und frisch. Durch das Loslassen unserer verkrusteten Vorstellungen lösen wir Blockaden, und unsere Energie kann wieder frei mit dem Leben fließen.

Sie werden wahrscheinlich merken, daß es Gedanken gibt, die sehr hartnäckig sind und immer wiederkommen. Das gilt vor allem bei akuten Problemen. Hier ist es besonders wichtig, erst einmal einen gewissen Abstand zu diesen Sorgen oder Ängsten zu bekommen, um sie dann in einem zweiten Schritt loslassen zu können. Dafür haben sich *drei Methoden* sehr bewährt.

Zeitreise

1. *Die Zeitreise*: Stellen Sie sich vor, welche Bedeutung das aktuelle Problem in zehn Jahren für Sie haben wird. Vermutlich können Sie sich dann nicht einmal mehr an das jetzt so groß erscheinende Problem erinnern. Diese Technik hilft auf einfache, aber sehr wirkungsvolle Weise, Probleme wieder in der richtigen Perspektive zu sehen.

Liebe senden

2. *Liebe senden*: Wenn andere Menschen an Ihren Schwierigkeiten beteiligt sind, hilft eine andere Methode sehr gut. Nehmen Sie sich bei Bedarf jeden Tag ein paar Minuten Zeit, und schicken Sie allen Beteiligten, besonders denen, die für diese Situation verantwortlich sind, bedingungslose Liebe. Ich weiß, wie schwer einem das bei ungeliebten Mitmenschen fällt, aber denken Sie daran, daß jeder Gedanke Energie ist und daß das, was Sie aussenden, zu Ihnen zurückkommt. Sie verändern damit also nicht nur die Situation, sondern tun auch noch etwas für sich. Stellen Sie sich jede Person einzeln vor, und sagen Sie sich innerlich *Lieber/Liebe . . ., ich sende dir/Ihnen bedingungslose, unbegrenzte Liebe und Respekt*. Auch wenn Sie das am Anfang mit Zähneknirschen tun, werden Sie merken, wie es Ihnen im Lauf der Zeit immer leichter fällt und wie sich die Situation im Außen verändert.

Was kann ich daraus lernen?

3. *Probleme als Lehrmeister*: Eine dritte Möglichkeit ist es – hier wie auch sonst –, Probleme und Schwierigkeiten nicht als ungerechte Strafe zu sehen, sondern als Gelegenheit, zu lernen und zu wachsen. Ich versuche mich bei jeder schwierigen Situation zu

fragen *Was kann ich daraus lernen?* Das ist eine viel konstruktivere Einstellung, als sich immer zu fragen *Warum ausgerechnet ich?* Es gibt kein Leben ohne Probleme und Schwierigkeiten – es kommt darauf an, wie wir auf eine Situation reagieren.

Wir haben gesehen, wie wir unsere Gedanken loslassen können. Dadurch kann unser Ch'i wieder frei und ungehindert fließen – Ziel des Feng Shui ist es ja, energetische Blockaden zu lösen und damit Energie innen wie außen zu harmonisieren –, wir sind mit dem Strom des Lebens verbunden, und Dinge ordnen sich von selbst.

Der zweite Schritt besteht nun darin, daß wir uns ganz auf die Gegenwart konzentrieren und darin leben. Denn Leben ist immer nur im gegenwärtigen Augenblick – das, was wir als *Jetzt* bezeichnen. Wir können uns zwar an unsere Vergangenheit erinnern und sie bis zu einem gewissen Grad wieder aufleben lassen, oder wir können für die Zukunft planen. Leben, Energien wahrnehmen und glücklich sein können wir aber nur in der Gegenwart!

In der Gegen-wart leben

Wir haben weiter oben gesehen, daß Gedanken uns dadurch, daß sie ein zeitverzögernder Filter sind, immer vom direkten Erleben der Gegenwart entfernen. Deshalb ist es so wichtig, loszulassen und jeden Moment bewußt wahrzunehmen. Machen Sie sich keine Sorgen über das, was Sie in der Gegenwart vielleicht erwartet. Fast alle Momente sind, wenn man sie direkt erlebt, positiv. Es sind unsere Gedanken, Befürchtungen, Sorgen, Ängste, Erfahrungen aus der Vergangenheit, die unser Leben so leicht vergiften, wenn wir es zulassen!

Denken Sie z. B. an einen Besuch beim Zahnarzt. Angenommen, Sie haben leichte Zahnschmerzen und beschließen, sich einen Termin bei Ihrem Arzt geben zu lassen. Ab diesem Zeitpunkt denken Sie möglicherweise immer wieder an die bevorstehende Behandlung, machen sich Sorgen und erinnern sich an all die schrecklichen Geschichten, die Sie selbst erlebt oder von denen Sie gehört haben. Je näher der Termin rückt, desto häufiger werden die angstvollen Gedanken und desto größer die erwarteten Schrecken. Am Tag selbst können Sie morgens vor lauter Angst nichts mehr essen und gehen mit einem flauen Gefühl in die Praxis. Sie blättern unkonzentriert in Zeitschriften, und als Sie aufgerufen werden, wird Ihnen heiß und kalt. Die Behandlung muß ich Ihnen wahrscheinlich nicht mehr ausmalen, Sie kennen das Gefühl sicher aus eigener Erfahrung (wenn Sie keine Angst vor dem Zahnarzt haben, können Sie sich wahlweise eine Prüfung oder etwas ähnliches vorstellen). Nun stellen Sie sich einmal vor, Sie machen den Termin beim Zahnarzt, lassen dann los und beschäftigen sich wieder mit der Gegenwart. Damit würden 90 Prozent aller negativen Momente bereits wegfallen! Und auch beim Zahnarzt selbst gibt es bei jeder Behandlung viele Augenblicke, in denen Sie sich, objektiv und achtsam betrachtet, wohlfühlen. Wenn Sie sich diese Momente nicht durch irgendwelche Befürchtungen vor dem, was eventuell noch kommen könnte, negativ färben. Im Gegenteil, die unangenehmen Augenblicke, selbst bei einem Zahnarztbesuch, sind verschwindend gering.

Nun stellen Sie sich einmal vor, wie das im »normalen« Leben erst sein muß! Und wenn Sie die paar wirklich unangenehmen Momente als Herausforderung und Gelegenheit zu wachsen sehen, fließen Sie wirklich mit dem Leben, und Glück und Freude werden in Ihr Leben einziehen. Aber Sie müssen auch wirklich loslassen *wollen*, mit allen Konsequenzen und der Gefahr eines Verlustes Ihrer bisherigen Sicherheit – denn Konzepte, Einstellungen und Meinungen geben »Sicherheit«, vermitteln uns ein Gefühl der Kontrolle. Es ist am Anfang beunruhigend, diese vermeintliche Sicherheit aufzugeben und das Leben einmal *vor*-urteilslos zu betrachten. Wenn Sie diesen Schritt aber erst einmal getan haben, werden Sie sehen, daß daraus wirkliche Sicherheit entsteht. Und diese Sicherheit ist nicht von äußeren Dingen wie gesellschaftlichen Normen, Wertvorstellungen oder unserer sozialen Stellung abhängig, sondern ein Teil von uns, der immer da ist, wo wir sind.

Mit dem Leben fließen

Um das Loslassen und das bewußte Leben im Hier und Jetzt zu üben, kann man sich eine bestimmte Tätigkeit vornehmen. Im Buddhismus z. B. ist das achtsame Abwaschen sehr beliebt. Sie können aber auch das Zähneputzen oder den täglichen Weg zur Arbeit dafür verwenden. Was Sie auch wählen, wichtig dabei ist, daß Sie versuchen, diese Tätigkeit mit all Ihrer Aufmerksamkeit, Liebe und Konzentration und möglichst ohne jedes Vor-Urteil auszuführen. Besonders das Abwaschen gilt bei vielen von uns als lästige und unangenehme Tätigkeit. Wenn Sie aber einmal Ihre Vorstellungen, ob Sie es mögen oder nicht, beiseite lassen und aufmerksam und mit Bedacht Ihr Geschirr

Achtsames Zähneputzen

reinigen, werden Sie zu einem ganz anderen Ergebnis kommen: Es ist überhaupt nicht unangenehm! *Jeder Augenblick ist es wert, gelebt zu werden, jede Tätigkeit ist es wert, getan zu werden.* Was Dinge unangenehm macht, ist unsere Vorstellung davon, was angenehm und was unangenehm ist.

Nun müssen wir, gerade in unserer heutigen Zeit, oft für die Zukunft planen. Wie läßt sich das mit der Forderung nach einem Leben in der absoluten Gegenwart vereinbaren? Planen Sie, wenn es Zeit dafür ist, mit all Ihrer Aufmerksamkeit und Konzentration, tun Sie alles Notwendige, und wenden Sie sich dann wieder dem gegenwärtigen Moment zu. Dann ist Ihr Handeln ungezwungen und natürlich, und Sie sind in vollkommener Harmonie mit sich und dem Leben. Und Sie werden sehen, daß ein solches Leben im Einklang mit allem pure Lebensfreude ist!

Die Wege verbinden

Um Ihr Leben neu zu gestalten und positive Veränderungen zu erreichen, ist es wichtig, beide Wege des Inneren Feng Shui – die bewußte Beschäftigung mit Gedanken und das Loslassen mit Hilfe von Meditation – miteinander zu verbinden.

Um zu verstehen, warum, bleiben wir einfach bei dem Bild mit der Sonne und den Wolken. Die Sonne ist unser Bewußtsein, die Wolken unser vor sich hinplapperndes Alltagsbewußtsein und die Erde unser Unterbewußtsein bzw. das TAO. Angenommen, wir möchten mehr Liebe in unser Leben bringen und versuchen

deshalb, unserem Unterbewußtsein die Botschaft *Ich liebe und werde geliebt* zu schicken. Solange wir unsere Gedanken nicht beruhigt haben, also aus der geschlossenen Wolkendecke einzelne Wolken mit Lükken dazwischen geworden sind, kann diese Botschaft nicht oder nur sehr schwer zu unserem Unterbewußtsein vordringen. Tut sie es doch, muß sie sich gegen sehr viele andere Impulse, die oft etwas völlig anderes sagen, durchsetzen. Diesem Problem versucht das Positive Denken mit möglichst vielen Wiederholungen der Botschaft entgegenzuwirken. Damit soll die Wahrscheinlichkeit, zufällig doch einmal eine Wolkenlücke zu erwischen und damit die Botschaft ins Unterbewußtsein zu transportieren, erhöht werden. Wenn man intensiv genug übt, funktioniert das auch, nur bin ich persönlich der Ansicht, daß wir schon genug gedankliches Chaos im Kopf haben und dem nicht noch einen Dauerbeschuß mit Affirmationen hinzufügen sollten. Das ist auch gar nicht notwendig, denn wenn wir parallel zu unserer Arbeit mit den Grundstrukturen unsere Gedanken beruhigen und damit den Abstand zwischen den »Gedankenwolken« vergrößern, erreichen wir mit viel geringerem Aufwand viel mehr.

Auf der anderen Seite ist der Weg der reinen Meditation – also des Loslassens und Im-Hier-und-Jetzt-Lebens – für viele Menschen aus dem Westen relativ schwierig zu gehen. Veränderungen, die durch Meditation entstehen, sind zwar sehr tiefgreifend, damit aber auch oft langwierig und für aktuelle Probleme nicht immer hilfreich. Außerdem haben, wie gesagt, unsere Gedanken eine unglaubliche Kraft, die wir bewußt für das Beste aller Wesen einsetzen können.

Als konkrete Übungsanleitung empfehle ich Ihnen, entweder morgens mit Ihren Grundstrukturen zu arbeiten und abends die Atem- oder Mantrameditation zu machen oder beides in einer Übung zu kombinieren, also erst etwa zehn Minuten den Geist zu beruhigen und dann mit den Affirmationen zu beginnen. Eine dritte Möglichkeit besteht darin, zu festen Übungszeiten mit den Grundstrukturen zu arbeiten und das Loslassen und im Hier-und-Jetzt-Leben bei Bedarf oder bei einer bestimmten Tätigkeit wie z.B. dem Zähneputzen zu üben.

Abschließend noch ein Hinweis: Wünsche sind gut und wichtig, aber machen Sie sich nicht davon abhängig. Wenn wir uns zu sehr auf die Verwirklichung eines Wunsches konzentrieren, kann es sein, daß wir die Fülle der anderen Möglichkeiten, die uns das Leben bietet, gar nicht mehr wahrnehmen. Schaffen Sie eine positive Grundstruktur, geben Sie Energie hinein ... und lassen Sie dann los! Mehr ist nicht nötig, denn der Impuls, den Sie damit gegeben haben, arbeitet nun für Sie. Stellen Sie sich vor, Sie schreiben einen Brief. Wenn er fertig ist, adressieren Sie ihn, kleben eine Briefmarke darauf und stecken ihn in den Briefkasten – mit dem Wissen, daß er seinen Adressaten erreicht und Sie bald eine Antwort bekommen. Machen Sie es mit Ihren Wünschen genauso. Durch die positiven Grundstrukturen weiß Ihr Unterbewußtsein bzw. das TAO, was Sie sich wünschen, und dadurch, daß Sie diesen Wunsch dann loslassen, können Ihre Energien frei fließen und für Sie arbeiten. Freuen Sie sich in der Zwischenzeit an allem, was Ihr Leben reich und farbig macht, und vertrauen Sie darauf, daß alles in guten Händen ist!

Alles ist in guten Händen!

Äußeres Feng Shui – das Tibetische Ba Gua

N achdem Sie nun mit Innerem Feng Shui die Voraussetzungen für positive Veränderungen in Ihrem Leben geschaffen haben, können Sie diese mit Äußerem Feng Shui unterstützen. Das Tibetische oder Drei-Türen-Ba-Gua ist hier besonders wirkungsvoll, da es auf ganz ähnlichen Prinzipien basiert wie das Innere Feng Shui. Die Methode wurde, wie bereits erwähnt, von dem in Amerika lebenden Feng-Shui-Großmeister Prof. Lin Yun Anfang der achtziger Jahre entwickelt und beruht auf der Beobachtung, daß jeder der in den Kapiteln über das Innere Feng Shui besprochenen Lebensbereiche, z. B. Partnerschaft, Karriere, Gesundheit etc., eine Entsprechung im Raum hat. Durch eine Harmonisierung der Ch'i-Ströme in der Wohnung oder in einzelnen Zimmern können wir daher auch den zugehörigen Lebensbereich positiv beeinflussen.

Jeder Lebensbereich hat eine Entsprechung im Raum

Das Tibetische Ba Gua basiert auf den acht Trigrammen des I Ging, die die acht verschiedenen Arten von Lebensenergie – Ch'i – repräsentieren: Das Trigramm *K'an* steht für die Karriere und den Lebensweg, *K'un* repräsentiert Partnerschaft, *Chen* steht in Beziehung mit Familie, *Sun* steht für Reichtum und

Wohlstand, *Ch'ien* repräsentiert Freunde und Mentoren, *Tui* steht in Verbindung mit Kindern und Kreativität, *Ken* steht für Wissen und Spiritualität und *Li* repräsentiert unsere Wirkung nach außen. In der Mitte befindet sich – ohne ein zugehöriges Trigramm – das *Tai Ch'i* als energetisches Zentrum.

Reichtum	Ruhm	Partner-schaft
Familie	Tai Ch'i	Kinder
Wissen	Karriere	Freunde/Mentoren

*Die Ba-Gua-Bereiche und ihre Zuordnung
zu den Lebensthemen*

Seinen Ursprung hat das Drei-Türen-Ba-Gua in den Lehren der sogenannten Schwarzhutschule, einer unorthodoxen Richtung des tibetisch-tantrischen Buddhismus, die religiösen und philosophischen Taoismus mit traditionellen Heilmethoden und Feng Shui kombiniert. Es kann auf der einen Seite als Diagnoseverfahren angewendet werden, mit dem sich ein mögliches energetisches Ungleichgewicht im Raum, verursacht z. B. durch ein externes Treppenhaus oder einen

Diagnose

Kamin, feststellen läßt. Da wir in einem ständigen Austausch mit unserer Umgebung stehen, kann ein solches Ungleichgewicht auf Dauer Probleme im entsprechenden Lebensbereich hervorrufen oder verstärken. Auf der anderen Seite eignet sich das Ba Gua für eine gezielte Aktivierung und Harmonisierung bestimmter Raum- und Lebensbereiche. Der Unterschied zu einer ähnlichen Methode der Kompaßschule – dem sogenannten »himmelsrichtungsabhängigen Ba Gua« – besteht darin, daß beim Drei-Türen-Ba-Gua die Bereiche nicht nach den Himmelsrichtungen, sondern nach der Lage der Eingangstür bestimmt werden. Während bei der Methode der Kompaßschule also z. B. der Bereich Karriere immer im Norden des Hauses oder der Wohnung liegt, befindet sich dieser Bereich im Drei-Türen-Ba-Gua immer auf der Grundlinie, auf der der Eingang liegt.

Aktivierung und Harmonisierung

Für die praktische Anwendung der Technik hat sich folgende Vorgehensweise bewährt: Fertigen Sie einen maßstabsgetreuen Grundriß Ihrer Wohnung, Ihres Büros oder Hauses an. Achten Sie dabei besonders auf architektonische Besonderheiten wie Kamine, Treppenhäuser, Erker oder ähnliches – also auf alles, was von einem rechteckigen oder quadratischen Grundriß abweicht (siehe Abb. S. 127). Teilen Sie nun den Grundriß in neun gleich große Felder; die Grundlinie *Wissen – Karriere – Freunde* liegt immer dort, wo der Eingang ist. Ist Ihr Eingang also auf der linken Seite des Hauses oder der Wohnung, liegt er im Bereich Wissen, befindet er sich hingegen in der Mitte, so liegt er im Bereich Karriere, ist er auf der rechten Seite, liegt er im Bereich Freunde/Mentoren. Wenn Ihr Haus oder

Ihre Wohnung quadratisch oder rechteckig geschnitten ist, übertragen Sie nun einfach die Felder des Ba Gua auf Ihren Grundriß. Bei rechteckigen Grundrissen passen Sie die Länge und Breite der einzelnen Bereiche entsprechend an.

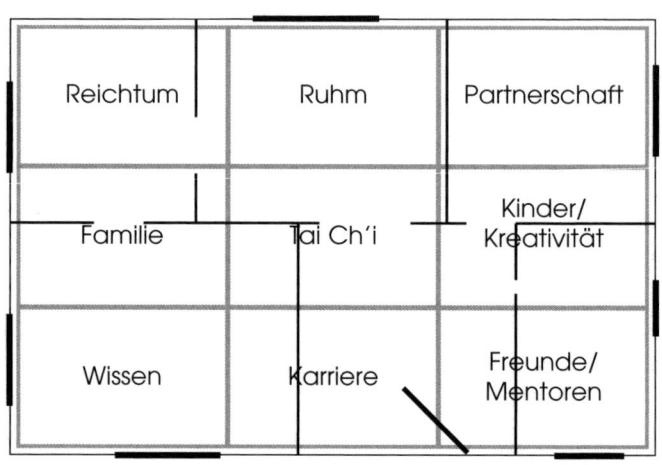

Das Ba Gua wird auf den Grundriß übertragen

Bei einem unregelmäßigen Grundriß müssen Sie zuerst feststellen, ob es sich bei den Gebäudeteilen um Erweiterungen oder Fehlbereiche handelt.

Fehlbereich   Erweiterung   L-förmiger Grundriß

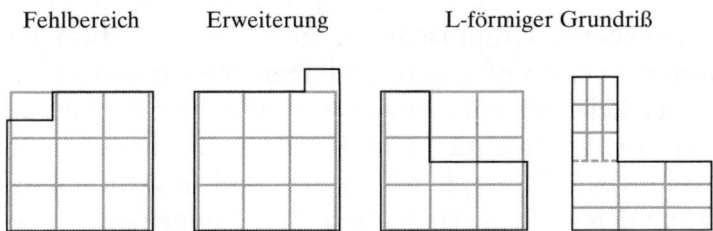

Fehlbereiche und Erweiterungen im Grundriß

Erweiterungen weisen meistens auf ein gewisses Übermaß an Energie im entsprechenden Lebensbereich hin,
Fehlbereiche auf einen Energiemangel. Um festzustel-
len, ob es sich um einen Fehlbereich oder eine Erweiterung handelt, können Sie die sogenannte 50-Prozent-
Regel anwenden: Ist der Teil der Wohnung, der über
den Rest hinausragt, mindestens halb so lang oder
breit wie die restliche Hauslänge oder -breite, handelt
es sich bei dem entstehenden Freiraum um einen Fehlbereich. Ragt der Vorbau dagegen weniger als 50 Prozent über den Rest der Wohnung hinaus, handelt
es sich bei dem Vorbau um eine Erweiterung. Bei
L-förmigen Grundrissen kommt es darauf an, wie
viele Eingänge vorhanden sind. Bei nur einem Eingang
wird das Ba Gua an der Grundlinie angelegt. Dadurch
entstehen große Fehlbereiche, die einer der Gründe
sind, warum L-förmige Häuser im Feng Shui als un-
günstige Hausform gelten. Hat ein solches Haus in
jedem Schenkel einen separaten Eingang, werden
beide Teile getrennt betrachtet und entsprechend zwei
verschiedene Ba Guas angelegt.

*Fehlbereiche
und Erweite-
rungen deuten
auf ein Ener-
gieungleich-
gewicht hin*

Wenn Sie das Ba Gua nun auf Ihren Grundriß übertragen haben, suchen Sie sich den Bereich, der den Lebensbereich repräsentiert, mit dem Sie schon im Inneren Feng Shui gearbeitet haben. Stellen Sie fest, ob dieser Lebensbereich zuviel, zuwenig oder die falsche Art von Energie hat. Für den Bereich Partnerschaft könnte zuviel Energie z. B. heißen, daß Sie zwar häufig jemanden kennenlernen, diese Beziehungen aber meistens instabil und von kurzer Dauer sind. Zuwenig Energie dagegen bedeutet, daß Sie generell Schwierigkeiten haben, jemanden kennenzulernen. Die falsche Art von Energie zeigt sich oft darin, daß Sie das Gefühl haben, immer an den falschen Partner, die falsche Partnerin zu geraten.

Stellen Sie fest, welche Energie ein Lebensbereich hat

Stellen Sie fest, ob sich dieses energetische Ungleichgewicht im Grundriß Ihrer Wohnung wiederfindet. Achten Sie auf Erweiterungen, Fehlbereiche und architektonische Besonderheiten wie Kamine, Treppen und Toiletten. Gehen Sie nun mit dem Grundriß in den entsprechenden Bereich der Wohnung, und achten Sie darauf, was sich dort befindet. Wird dieser Bereich gerne und häufig genutzt, oder lagert dort das Altpapier oder aussortierte Kleidung? Schreiben Sie alles auf, was Ihnen auffällt, und achten Sie besonders auf Bilder, Farben und Symbole: Ein »weinender Pierrot« etwa ist nicht sehr förderlich für den Partnerschaftsbereich!

Wir haben nun mit Hilfe des Ba Gua den unserem Wunsch entsprechenden Bereich in der Wohnung gefunden und analysiert. In einem zweiten Schritt können wir jetzt diesen Ba-Gua-Bereich gezielt ausgleichen und aktivieren. Das prinzipielle Vorgehen ist für alle Ba-Gua-Bereiche gleich: Säubern Sie den Bereich gründlich, räumen Sie auf und entrümpeln Sie ihn. Dies ist ein wichtiger Schritt, den Sie auf keinen Fall auslassen sollten, denn wenn Sie die alte Energie nicht entfernen, kann es sein, daß Sie versehentlich diese mit der Aktivierung verstärken, anstatt neue, frische Energie in den Bereich zu bringen.

Säubern und entrümpeln

Überlegen Sie sich nun, ob *zuviel*, *zuwenig* oder die *falsche Art* von Energie in dem entsprechenden Lebensbereich ist und wie Sie dieses Ungleichgewicht ausgleichen können. Als Feng-Shui-Hilfsmittel für den Ba-Gua-Bereich Reichtum/Fülle finden Sie weiter unten z. B. den Hinweis, Wasser zu verwenden. Wenn Sie festgestellt haben, daß Sie zwar viel verdienen, dieses Geld aber immer sofort wieder wegfließt, herrscht in diesem Bereich sehr wahrscheinlich ein Energieüberschuß. Wenn Sie hier bewegtes Wasser, z. B. in Form eines Zimmerspringbrunnens, einführen, wird sich dieser Zustand wahrscheinlich nicht bessern, sondern eher noch verstärken. Hier wäre es gut, das Element in Form einer tiefen, sammelnden Schale mit – frischem – Wasser zu wählen. Haben Sie dagegen das Gefühl, daß Sie einfach nicht genug verdienen und dieses Geld hart erarbeitet ist, herrscht ein Energiemangel, der mit einem Zimmerbrunnen ausgeglichen werden kann.

Karriere (1)

Reichtum	Ruhm	Partner-schaft
Familie	Tai Ch'i	Kinder
Wissen	Karriere	Freunde/Mentoren

Steht für:
- Lebensfluß
- innere Überzeugung, Intuition
- berufliche Situation
- Lebensweg

Sollte aktiviert werden bei:
- ständigen Zweifeln am Lebensweg, am Beruf
- Gefühl der Unzufriedenheit und Stagnation

Hilfsmittel:
- Entfernen Sie alle unnötigen und den Energiefluß blockierenden Möbel und Einrichtungsgegenstände.
- Aktivieren Sie den Bereich mit »fließenden« Dingen wie Zimmerbrunnen, Aquarien, Schalen mit frischem Wasser, Licht, Spiegeln und Wasserbildern.

Partnerschaft (2)

Reichtum	Ruhm	Partner-schaft
Familie	Tai Ch'i	Kinder
Wissen	Karriere	Freunde/Mentoren

Steht für:
- Beziehungen zu Lebenspartnern, Freunden, Nachbarn und Arbeitskollegen
- berufliche Partnerschaften

Sollte aktiviert werden bei:
- schwierigen zwischenmenschlichen Beziehungen
- Unfähigkeit, eine Partnerschaft einzugehen
- Beziehungs- oder Eheproblemen
- Nachbarschaftsproblemen

Hilfsmittel:
- Entfernen Sie alle Gegenstände, die Trennung, Streit oder Einsamkeit symbolisieren.
- Reinigen Sie den Bereich gründlich, und sorgen Sie für gute Beleuchtung.
- Aktivieren Sie den Bereich mit natürlichen Kristal-

len, Regenbogenkristallen – das sind facettiert geschliffene Berg- oder Bleikristallkugeln –, hellem Licht, frischen gesunden Blütenpflanzen, paarweise angeordneten Gegenständen und Dingen, die für Sie Liebe, Harmonie und Freude symbolisieren.

Familie (3)

Reichtum	Ruhm	Partner-schaft
Familie	Tai Ch'i	Kinder
Wissen	Karriere	Freunde/Mentoren

Steht für:

- Herkunft
- Beziehung zu Eltern
- Beziehung zu Vorgesetzten

Sollte aktiviert werden bei:

- ungelösten eltern- oder familienbezogenen Themen
- ungelösten autoritätsbezogenen Themen

Hilfsmittel:

- Entrümpeln und säubern Sie diesen Bereich gründlich.
- Sorgen Sie für eine gute Beleuchtung.
- Aktivieren Sie den Bereich mit Familienphotos, großen Pflanzen, frischen Blumen, Musikinstrumenten oder Bildern, die den Frühling darstellen.

Reichtum (4)

Reichtum	Ruhm	Partner-schaft
Familie	Tai Ch'i	Kinder
Wissen	Karriere	Freunde/ Mentoren

Steht für:
- inneren und äußeren Reichtum
- Zufriedenheit mit dem, was ist
- innere Bereitschaft, die Herausforderungen des Lebens konstruktiv zu bewältigen

Sollte aktiviert werden bei:
- finanziellen Problemen
- Gefühl der Unzufriedenheit und des »Zu-wenig-Habens«

Hilfsmittel:
- Entrümpeln und säubern Sie den Bereich gründlich.
- Aktivieren Sie den Bereich mit gesunden Pflanzen, Wasserobjekten wie Aquarien oder Zimmerbrunnen, Bildern mit Wassermotiven oder mit Gegenständen, die für Sie Fülle und Glück symbolisieren.

Tai Ch'i (5)

Reichtum	Ruhm	Partner-schaft
Familie	Tai Ch'i	Kinder
Wissen	Karriere	Freunde/ Mentoren

Steht für:

- zentriert sein
- innere Kraftreserven
- Gesundheit
- Energiezentrum der Wohnung

Sollte aktiviert werden bei:

- Krankheiten
- anstrengendem Leben
- Energiedefiziten
- innerer Unruhe und Zerrissenheit

Hilfsmittel:

- Das Zentrum der Wohnung sollte möglichst frei sein.
- Aktivieren Sie es mit Licht, Gelb- und Erdtönen,

einem Regenbogenkristall oder einer DNS-Spirale aus Glas.

- Ist das Zentrum durch eine Mauer, eine Treppe oder einen Kamin blockiert, aktivieren Sie – wenn möglich – in einem oder zwei anderen Räumen jeweils ein Ersatzzentrum.

Freunde/Mentoren (6)

Reichtum	Ruhm	Partner-schaft
Familie	Tai Ch'i	Kinder
Wissen	Karriere	Freunde/Mentoren

Steht für:
- Unterstützung und Hilfestellung von außen
- glückliche Umstände

Sollte aktiviert werden bei:
- Gefühl der Isolation
- Gefühl des »Alles-allein-machen-Müssens«

Hilfsmittel:
- Aktivieren Sie den Bereich mit Klangspielen aus Metall, Kristallen, Halbedelsteinen, besonders schönen Bildern oder Gegenständen, die für Sie Freundschaft, Hilfe und Unterstützung symbolisieren.

Kinder/Kreativität (7)

Reichtum	Ruhm	Partner-schaft
Familie	Tai Ch'i	Kinder
Wissen	Karriere	Freunde/Mentoren

Steht für:
- Beziehung zu Kindern
- Kreativität, Inspiration, Ideen

Sollte aktiviert werden bei:
- problematischen Beziehungen zu Kindern
- Kinderlosigkeit
- mangelnder Kreativität

Hilfsmittel:
- Aktivieren Sie den Bereich mit Gegenständen, die Ihre Sinne, Phantasie und Freude anregen, wie duftende Blüten, Musik, Klangspiele aus Metall oder glänzende Gegenstände.

Wissen (8)

Reichtum	Ruhm	Partner-schaft
Familie	Tai Ch'i	Kinder
Wissen	Karriere	Freunde/Mentoren

Steht für:
- inneres Wissen
- Intuition
- äußeres Wissen

Sollte aktiviert werden bei:
- Unruhe
- fehlendem Kontakt zu sich selbst
- Problemen, die mit Wissen zu tun haben (Schule, Studium, Beruf etc.)

Hilfsmittel:
- alle Gegenstände, die mit Stille zu tun haben (z. B. Bilder mit Winterlandschaften)
- natürliche Kristalle, Regenbogenkristalle, helles Licht

- Objekte, die für Sie Wissen symbolisieren (z.B. Zeugnisse, Diplome etc.)
- leere, saubere Behälter wie Schachteln, Gläser, Schalen oder auch Schränke

Ruhm (9)

Reichtum	Ruhm	Partner-schaft
Familie	Tai Ch'i	Kinder
Wissen	Karriere	Freunde/Mentoren

Steht für:
- Image und Ansehen
- Wirkung nach außen
- Erleuchtung
- Ausstrahlung

Sollte aktiviert werden bei:
- Abhängigkeit von der Meinung anderer
- mangelndem Selbstbewußtsein
- Problemen, die eigenen Überzeugungen auszudrük-ken und zu leben

Hilfsmittel:
- Entrümpeln und säubern Sie diesen Bereich.
- Aktivieren Sie den Bereich mit »strahlenden« und inspirierenden Gegenständen wie schönen Kunstwerken, mit Licht oder der Farbe Rot.

Wenn Sie sich darüber klar geworden sind, welche Art von Energie dem Ba-Gua-Bereich fehlt, wählen Sie das oder diejenigen Hilfsmittel aus, die ausgleichend oder aktivierend wirken. Im Zusammenhang mit Innerem Feng Shui haben sich vor allem *Symbole* als Hilfsmittel sehr bewährt – also z.B. für den Partnerschaftsbereich rote Herzen oder Bilder von glücklichen Paaren –, da sie auf der gleichen Ebene wirken wie unsere inneren Wunschbilder und sich deshalb gegenseitig verstärken. Wenn Sie ein passendes Hilfsmittel ausgewählt haben, hängen oder stellen Sie es auf und formulieren den entsprechenden Wunsch oder die Affirmation. Je klarer Ihr Geist und je deutlicher und bildhafter Ihr Wunsch dabei ist, desto mehr Kraft bekommt die Aktivierung!

Symbole wirken

Sollte der Ba-Gua-Bereich, mit dem Sie arbeiten möchten, nicht oder nur teilweise im Grundriß vorhanden sein, können Sie einen entsprechenden Ersatzbereich in einem anderen häufig genutzten Raum aktivieren. Ausschlaggebend für die Orientierung des Ba Gua ist auch hier wieder die Lage der Tür.

Achten Sie, genau wie beim Inneren Feng Shui, auf die kleinen und großen Veränderungen, die sich mit der Aktivierung einstellen, und seien Sie offen für den lebendigen Fluß des Lebens.

Zum guten Schluß

Sehen Sie diesen Weg zu sich selbst als spannendes, spielerisches Abenteuer. Natürlich ist es gerade beim Inneren Feng Shui am Anfang manchmal anstrengend, die Disziplin und das Vertrauen für regelmäßiges Üben aufzubringen. Dies gilt besonders für die Zeiten, in denen es nicht so gut läuft und Sie keine Fortschritte sehen. Aber übertriebener Ehrgeiz und eine verspannte, verkrampfte Haltung nützen weder Ihnen noch dem Prozeß des Wandels – gerade dann brauchen Sie Ihre eigene liebevolle und geduldige Unterstützung am meisten. Haben Sie Vertrauen in sich und Ihre Fähigkeiten, und Ihr Leben wird sich von Grund auf verändern.

Ich wünsche Ihnen dabei ganz viel Erfolg und alles Glück der Welt!

Susanne Marx

Kontaktadresse

Jnformationen über Seminare und Ausbildungen zu den Themen »Inneres und Äußeres Feng Shui« erhalten Sie bei:

Dr. Susanne Marx
Zentrum für Feng Shui
Hausdorffstraße 196
D–53129 Bonn
Tel./Fax: 02 28/54 92 51

E-mail: feng-shui@afm-consulting.de
Internet: www.afm-consulting.de

Blatt 1

Lebensthema:

*Was hindert mich im
Moment daran?*

*Was kann ich ändern, um
mein Ziel zu erreichen?*

Blatt 2

Was kann ich ändern, um mein Ziel zu erreichen?	Positive Affirmation

Blatt 3

Positive Affirmation | Widerstand/Gedanken/ Assoziationen

Blatt 4

Mein Wunsch:

Ich bin es wert . . . *ich verdiene es . . .* *ich gestatte es mir . . .*	*Widerstand / Gedanken / Assoziationen*

Blatt 5

Positive Affirmation

Affirmationen

Ba-Gua-Bereich	Affirmationen
Karriere/ Lebensweg	• Ich gehe meinen Weg • Alles ist gut – ich bin in Harmonie mit dem Universum und mit mir • Ich habe Vertrauen in mich und mein Leben • Alles, was ich brauche, kommt zur rechten Zeit zu mir • Das Leben ist schön! Ich kann ein erfolgreiches, positives Leben führen • Ich vertraue der Welt und akzeptiere alle Veränderungen, die notwendig sind • Ich erschaffe mir liebevoll mein eigenes Leben
Partnerschaft	• Ich bin Liebe und Reichtum • Ich bin liebenswert, ich liebe und werde geliebt • Liebe und Glück fließen mir von allen Seiten zu, leicht und mühelos • Zuneigung und Liebe umgeben mich • Ich bin offen für die Liebe in allem, was mich umgibt • Ich habe eine glückliche, stabile Beziehung • Ich verdiene Liebe und Glück

Ba-Gua-Bereich	Affirmationen
Familie	• Ich werde von meiner Familie geliebt und unterstützt • Ich gebe andere liebevoll frei und lebe mein Leben • Ich bin frei von der Vergangenheit • Ich bin frei von vergangenen Begrenzungen • Ich bin die Kraft und Autorität in meinem Leben • Ich vergebe der Vergangenheit
Wohlstand/Fülle	• Geschäftlicher Erfolg und materieller Wohlstand fließen mir zu, leicht und mühelos • Ich bin Liebe und Reichtum • Ich lebe in Fülle und Wohlstand • Ich sorge liebevoll für mich selbst • Ich verdiene alles Gute der Welt • Sicherheit und Wohlstand umgeben mich
Tai Ch'i/Gesundheit	• Ich bin gesund und voller Energie • Mein Geist ist klar und frei • Ich bin offen und empfänglich für alles, was gut für mich ist • Ich bin vollkommen ruhig und gelassen in jeder Situation • Ich öffne mich für Freude, Energie und Gesundheit • Ich verdiene es, vollkommen gesund zu sein

Ba-Gua-Bereich	Affirmationen
Freunde/Mentoren	• Ich bin flexibel und kann leicht Freundschaften schließen • Ich bin liebenswert, ich liebe und werde geliebt • Ich gehe offen und herzlich auf andere Menschen zu • Liebe und Glück fließen mir von allen Seiten zu, leicht und mühelos • Zuneigung und Liebe umgeben mich • Ich fühle mich mit allem verbunden
Kinder/Kreativität	• Ich habe ein liebevolles Verhältnis zu meinen Kindern • Ich habe das Recht, ich selbst zu sein • Ich bin frei, das Leben jetzt und hier zu genießen • Ideen fließen mir von überall zu, leicht und mühelos • Das Leben ist bunt und reich • Ich bin offen für die unendliche Fülle, die mich umgibt
Wissen	• Mein Geist ist für neue Ideen offen und aufnahmebereit • Ich bin intelligent und kann lernen • Ich lerne mit Begeisterung • Mein Gedächtnis verbessert sich von Tag zu Tag und in jeder Hinsicht • Ich vertraue und folge meiner Intuition • Ich gehe meinen Weg

Ba-Gua-Bereich	Affirmationen
Ruhm/Wirkung nach außen	• Ich bin die Kraft und Autorität in meinem Leben • Ich bin frei • Ich bin wertvoll • Ich darf ich selbst sein • Ich habe Vertrauen in mich und mein Leben • Intelligenz, Mut und Selbstvertrauen sind immer in mir • Ich habe das Recht, ich selbst zu sein

Literaturhinweise

Äußeres Feng Shui

Simon Brown, *Feng-Shui-Praxis*, Goldmann Verlag, 1998

Richard Craze, *Feng Shui Buch & Kartenset*, Verlag Hermann Bauer, 1997

Günther Sator, *Die Kraft der Wohnung entdecken und nutzen*, Gräfe und Unzer, 1998

Lillian Too, *Das große Buch des Feng Shui*, Delphi, 1997

Derek Walters, *Das Feng-Shui Praxisbuch*, O.W. Barth Verlag, 1996

Taoismus

Fritjof Capra, *Das Tao der Physik*, Scherz Verlag, 1996

Theo Fischer, *Wu wei*, rororo, 1995

Benjamin Hoff, *Tao Te Puh*, Synthesis Verlag, 1984

Chungliang Al Huang, *Tao der Freude*, Heinrich Hugendubel Verlag, 1997

Michael Page, *Die Kraft des Ch'i*, Heyne Verlag, 1988

Gesundheit und Ernährung

Choa Kok Sui, *Grundlagen des Pranaheilens*, Verlag Hermann Bauer, 1996

Gérard Edde, *Das TAO-Lebenselixier*, edition Tramontane, 1995

Daniel Reid, *Das chinesische Gesundheitsbuch*, O.W. Barth Verlag, 1994

Ingrid Schlieske, *Japanisches Heilströmen*, BIO-Ritter, 1997

Josefine Zöller, *Das Tao der Selbstheilung*, Ullstein, 1994

Meditation und Positive Grundstrukturen

David Fontana, *Meditation*, Aurum Verlag, 1995

Louise Hay, *Wahre Kraft kommt von Innen*, Heyne, 1992

Dr. Hannes Lindemann, *Überleben im Streß*, Heyne, 1997

Patrick Porter, *Entdecke dein Gehirn*, Junfermann Verlag, 1997

Verlag Hermann Bauer · Freiburg im Breisgau

Richard Craze

Feng Shui

Buch mit 64 Seiten und zahlreichen farbigen Abbildungen
sowie 32 Karten, im Schuber
ISBN 3-7626-0576-9

Ch'i ist die Lebensenergie, die Gesundheit, Glück und Harmonie bringt, wenn sie ungehindert fließen kann. Ist der Fluß des Ch'i aber zu stark oder blockiert, kann das unser Gleichgewicht empfindlich stören oder uns gar Unglück bescheren. Feng Shui ist das Wissen der alten Chinesen vom Wohnen in Harmonie.

Das vorliegende Buch mit neuartigem Karten-Set führt Sie in die Grundlagen dieser jahrhundertealten Kunst ein. Sie erfahren, wie Sie schon durch kleine Veränderungen in Wohnung, Haus, Büro oder Garten wichtige Lebensbereiche stärken können – und damit Wohlstand, beruflichen Erfolg, harmonische Familienbeziehungen, Lebensfreude und Weisheit anziehen. Ein Windspiel oder eine Pflanze an genau der richtigen Stelle – und schon kann das Ch'i freier fließen und Ihr Leben sich zum Positiven wenden!

Das Feng-Shui-Buch mit dem Set von 32 Karten hilft Ihnen, zu erkennen, wo und wie Sie in Ihrem Leben etwas verbessern und das Ch'i wieder in harmonischen Fluß bringen können.

Verlag Hermann Bauer · Freiburg im Breisgau

Verlag Hermann Bauer · Freiburg im Breisgau

Harald Jordan

Räume der Kraft schaffen

Der westliche Weg ganzheitlichen Wohnens und Bauens

320 Seiten mit 49 Zeichnungen, gebunden
ISBN 3-7626-0561-0

Die Menschen entdecken heute die Qualität des eigenen Heims und wie wichtig es ist, sich eine bessere Wohnqualität zu schaffen und in energetisch »stimmigen« Räumen zu wohnen, wieder neu. So hat beispielsweise das in der chinesischen Kultur beheimatete Feng Shui große Beachtung gefunden, obgleich es seine Wurzeln in einer magischen, sich von unserer heutigen westlichen Sicht stark unterscheidenden Weltsicht hat.
Harald Jordan beschreibt, welche geistigen Gesetze im Wohnen und Bauen wirken, wie diese Gesetze von uns erlebt werden und wie wir unsere Wohnung oder unser Haus so gestalten können, daß sie für uns eine gesunde und heilende Wirkung haben.
Unter »Räumen der Kraft« versteht der Autor hierbei jedes Heim – ob Mietwohnung oder eigenes Haus – wie auch Orte gemeinschaftlicher Treffen, beispielsweise ein Kongreß- oder Meditationszentrum.
Wie nun die eigenen Wohnräume in Übereinstimmung mit uns selbst gebracht werden können, wie wir dadurch in Einklang mit uns selbst kommen und uns so gesünder und wohler fühlen, dafür bietet »Räume der Kraft schaffen« eine Fülle praktischer Anregungen und manche erstaunlich einfach auszuführenden Maßnahmen.

Verlag Hermann Bauer · Freiburg im Breisgau